伸ばしたいなら離れなさい

サッカーで考える子どもに育てる11の魔法

大阪体育大学客員教授
I.K.O市原アカデミー理事長
前 京都サンガF.C.普及部長

池上正

小学館

プロローグ

大人が離れた瞬間(とき)こそ、子どもは考えだす

京都サンガF.C.や浦和レッズで監督を務めたゲルト・エンゲルス氏が以前、こんな話をしていました。

「池上サン、日本の子どもは試合中、自分たちがゴールした数をなぜカウントしないのかな？　自分たちが相手から何点獲(と)ったのか、何点奪われたのかを気にしないよね」

滝川第二高校など育成世代のコーチング経験も豊富なエンゲルス氏によると、彼の母国ドイツの子は日本とは真逆。ミニゲームで20点以上奪っても、ゴール

数をきちんと数えているそうです。

「審判が間違えて、20対19ね、なんて言おうものなら、えっ！　僕たちは21点入れました！　と、すぐに訂正しにやってくるよ」

当時ジュニアの指導を35年以上続けていた私も、ずっと同じことを感じていました。

ゴールを決めた本人も、周りの子もあまり喜ばない。勝っていても、負けていても、どうでもよさそうに試合をしている。自分たちの試合なのに「今、何対何？」と聞いてくる子は少なくありません。点差が離れると、引き離したほうも、離されたほうも、どちらも数えない。何も考えていないようです。

「負けてるんだぞ！　悔しくないのか！」

勝敗にこだわって、必死になっているのは大人だけです。

高学年になっても「試合始めるよ〜。早くして〜」と言われてようやく集まる。「もっとちゃんと並んで！」と肩をつかまれる。常に大人に世話を焼かれています。自分で考えて、動けません。

少年サッカーはもちろん、子どもの育ちや大人のありように疑問を感じた私は、２００７年に『サッカーで子どもをぐんぐん伸ばす11の魔法』（小学館）という本を書きました。少年スポーツはどの競技も練習法の解説書はたくさんありますが、接し方を指南したものがなかったからです。

ドイツなど欧州では、指導者ライセンスを取得する際にスポーツ心理学で選手への態度（アティテュード）をたくさん学びます。体罰が残る日本ではより必要な学習なのに、それが提供されていない。そこを埋めようと思いました。

そんな私は、サッカーが「人間を成長させるスポーツ」だと実感しています。だからこそ、サッカーを通じてもっと子どもを伸ばしてほしい。

そのためには、大人が変わらなくてはならない。

例えば、子どもを否定せずに「肯定する」。怒鳴らず「楽しませる」。指示命令をやめて「気づかせる」。過度に干渉せず「自立させる」――。

そのような、発想を転換した努力目標を、「11の魔法」として伝えました。

すると、みなさんから「あの本を読んで変われました」などと支持していただき、「少年サッカーを変えた本」といわれたりしました。

それから10年。

それでもまだ変われない人は、依然として多いようです。

ゴールの数をかぞえない子ども。6年生が肩をつかまれ並ばされる――。見慣れた風景が、日本の教育の現状を象徴しています。ドイツとの圧倒的な差を突きつけられている。そう感じるのは私だけでしょうか。

では、この10年で子どもたちを取り巻く日本の社会は、どう変わったでしょうか。

教育現場は、ゆとり教育から脱ゆとりへ。スマートフォンが出現し、子どもたちは手のひらにのるコンピューターに夢中です。社会では、リーマン・ショックが押し寄せ、東日本大震災が起きました。不景気は続き「子どもの6人に1人が貧困」といわれます。

閉塞感が続くなか、２０２０年に課題解決能力や自分で考える力を求められる大学入試改革がスタートします。

「覚えた知識がどんどん更新されていく時代に、ただ知識を持っているだけでは通用しない」と文部科学省は指摘します。大学入試を変えることで、詰め込み型の学力重視と指摘される高校教育を転換させ、中・小学校へと波及させる試みです。

要するに、詰め込んだ知識で評価されていたのが、今後は「知識を使う力」が問われ始めるわけです。


次に社会へ出ると、何を要求されるでしょうか。これからの時代、企業が求める人材は「問題解決能力・コミュニケーション能力・失敗から学ぶ力・チームワーク」だそうです。

人工知能（ＡＩ）が発達し、現在の小学生の65％が今はない職業に就くといわれています。つまり、今ある仕事は35％しか残らないわけです。

そのような変革時代を生きる子どもたちに、一番必要な力は何か。

出てきた答えが「自分で考える力」でした。混迷の時代を生き延びるには、自分でしっかり考え、動ける、自立した人間になることではないか。

それには、私たちがサッカーを通して、「子どもたちに考えさせる」大人にならなくてはいけません。


そのための第一条件は「大人が子どもと離れること」。

親やコーチが、子どもに近づき過ぎず適度な距離を置くことで、子どもは自由な時間や空間を得ます。そこで初めて、自分で考え始めます。

本書を紡(つむ)ぐなかで、編集者の方が小さな新聞の切り抜きを見せてくれました。朝日新聞朝刊一面の片隅に載る小さな連載記事、哲学者である鷲田清一さんの『折々のことば』です。

「今の子供たちの最大の不幸は、日常に自分たちの意思で何かが出来る、余白の時間と場所を持てないことだ　安藤忠雄」

著名な建築家の言葉で、——自立心を育もうと言いながら、大人たちは保護という名目で、危なそうなものを駆除して回る。そのことで子供たちは緊張感も工夫の喜びも経験できなくなった——そう記しています。

自立心や考える力を育むために、私たち大人は今何をすべきか。

それは、子どもと離れること。大人が子どもにしがみつかず離れれば、その間に子どもが巣立つ滑走路が生まれます。それは、彼らが高く高く飛躍するために必要なものなのです。

子どもを本当に伸ばしたいのなら、大人は離れましょう。

そのために何をしたらいいのか、どう考えたらいいのかを本書で伝えました。

この新たなメソッドにたどり着けたのは、のべ50万人の子どもたちのおかげかもしれません。ジェフユナイテッド市原・千葉時代に出会った40万人、京都サンガ時代に10万人を教えた経験がとても役立ちました。

大人が少し視点を変えるだけで、子どもたちは夢中になって動きだします。自ら考え始めます。彼らの姿から学んだ10年間の結晶です。

これが、サッカーはもちろん他競技の指導や、お父さん、お母さんの子育ての道しるべになれれば幸いです。

２０１７年４月

I.K.O市原アカデミー理事長・前 京都サンガF.C.普及部長　池上 正

※文中の登場人物の所属や肩書きは２０１７年４月現在のものです。

目次

第1章

失敗させる

「こんなこともできないの?」と、
つい言っていませんか?

周りに「寛容の三重丸」をつくりましょう。

⚽成長するチャンスを奪う大人たち

私はJリーグクラブの下部組織やスクールで子どもたちを教えるほかに、ホームタウンの幼稚園や小学校などへの巡回指導も行ってきました。千葉県でのべ40万、京都府でのべ10万、計50万人の子どもたちと接してきました。

第一の目的は、子どもたちにサッカーを好きになってもらうこと。それと同じくらい、自分で考える機会を少しでも獲得してほしい。そのためには、大人が子どもから離れなくてはいけないと考えていました。

そんな私の狙いを理解してくれる学校があれば、そうでないところもありました。

ある小学校で指導したときの話です。

6年生の授業の最後に、クラス対抗の「ボール運び競争」をやりました。サッカーコートのエンドラインから逆側のゴールまで、距離にすればおよそ50メートルでしょうか。自分たちの人数である三十数人ぶん、サッカーボールを移動させます。

ルールは3つ。

①ひとつずつ手を使って運び、それを全員がさわること。
②受け取った場所から足を動かしてはいけない。
③ボールを落とした場合は、スタートラインに戻ってやり直す。

さて、どうすれば効率よくボールを運べるでしょうか？　想像してみてください。

「全員ぶんのボールを早く向こうのゴールに入れたクラスが勝ちです。さあ、始めるよ。よーいドン！」

子どもたちの何人かは「え？　どうすんの？」とか、「投げると落とすかもしれへんから寄って」などとざわついています。ただし、それ以外の子は考えていません。ボーッとしたまま立っているか、ほかの子に何か言われるのを待っています。私の近くで一緒に見ている自分の担任をチラチラ見る子もいます。大人が何でも教えてくれるので、指示を待っているようでした。

あるクラス、わかりやすいように「A組」としましょう。落とさないよう、子ども同士の距離を縮めて立ちました。「いくよ〜」と始めたら、ぽんぽんとボールがつながりました。真ん中まではよかったのですが、後ろに行くほど距離が離れてしまいます。離れているのでボールを地面に落としてしまいます。最初からやり直しをしては最後の子どもにつなぎましたが、その子からゴールは程遠く、投げても入りません。

「あかん。（お互いが）もっと離れなきゃ」

「どうする？」

そんな声が出始めました。


もうひとつのクラス「B組」も、同じように失敗しそうでした。

すると突然、担任の先生がダッシュして子どもたちのところに駆け寄りました。

「そこの距離はダメ、もっと広がりなさい！　ほら、それぞれがこのくらいの距離で」

先生が出ていって指示したB組が、担任から指示を受けなかったA組より早く終わりました。子どもたちが「やった〜！」とこぶしを突き上げて喜んでいたら、担任の先生は再びダッシュし叫びました。

「終わったんだから、早く座りなさい！　ちゃんと前向いて！」

子どもたちは、（まずい！）というような顔でサッと腰をおろしました。

このB組は先生の言う通りに一人ひとりの間隔をほぼ等分にあけ、合理的にボールをつないだのだから勝つのは当然です。でも、残ったのは「一番になった」という事実だけではないでしょうか。

一方で、合理的な方法にたどり着くまで何度も失敗を繰り返したA組の子どもたちは、その都度自分たちで考えています。失敗が重なってみんな焦ったでしょう。子ども同士が言い合いになったり、それを誰かが仲裁したり。わずか十数分のなかでさまざまなドラマがあります。

A組とB組。みなさんは、どちらのクラスに子どもを預けたいですか？　答えは明白です。学校というものはA組のように、子どもを成長させる場所でなくてはなりません。

現場の先生から「教育効果を上げるにはどうしたらいいか」という話をよく聞きます。私もそこを応援したくて、千葉や京都で巡回指導を行ってきました。ですが、B組のように「何を目標にしているかがよくわからないなあ」と感じることがよくありました。担任は「失敗しないで成功させなければ」と躍起になっているように見えました。でも、私は「失敗して学んでほしい」と考えます。

失敗したあとこそ、子どもたちにとって非常に貴重な時間です。「どうしたらいいかな?」と対策を自分で考え、「よし、これでやってみよう」と挑戦する勇気を奮い起こす。そのような「ドラマ」が学びになるのです。

それなのに、その貴重な機会を大人が摘み取ってはいないでしょうか。

⚽子のゆく道を掃(は)くカーリング・ペアレント

小学校でベテランの先生から、こんな話を聞きました。

「10年、20年前は、授業中にハイ、ハイと挙手する子どもが多かった。今は答えを持っていても手を挙げません。間違えて笑われるのが怖いんです」

先生からすれば、質問しても反応がないからつい「こうしなさい」と教えてしまう。子どもたちは黙っていれば先生が答えを教えてくれるので黙っている。ニワトリが先か卵が先かではありませんが、果たしてどちらが始まりなのかはわかりません。

ただ私が確信するのは、失敗しないようずっと指示をしアドバイスを送り続ける大人の隣で、自ら考える子は育たないということです。

また、ある県の中体連（中学校体育連盟）から依頼され、中学生とその先生向けの講習会を引き受けたこともあります。県内各校からやってきた子どもはおよそ150人。全員キャプテンと副キャプテンをしている子が選抜されていました。

2日間の日程の初日。練習メニューを伝えるデモンストレーションをしたかったので、子どもたちに「5人、手伝ってくれる人、いるかな?」と募りました。

誰も手を挙げません。

「誰でもいいよ。難しいことじゃないから、誰か出てきてくれる?」

グラウンドはしーんと静まり返っています。少し離れたところから見守っていた顧問の先生がたの顔が、徐々に険しくなるではありませんか。

結局、険しい顔の自分の顧問と目が合ってしまった5人が渋々立ち上がり、ようやく練習を始めることができました。

初日が終了したあとに、県の会長さんが神妙な顔で言いました。

「私たちがどんな子どもを育ててきたか。それが今日1日でよくわかりました」

2日目も、子どもたちの態度はほぼ同じでした。募っても、なかなか誰も出てきません。小学生は変わったりしますが、思春期に入った中学生は一番難しい時期です。それでも、ドリブルばかりしていた子が周りを見るようになったり、自分で考えて動くようになります。

「いいね！」「ナイス！」そんなポジティブな声がけをしながら、全体を通じてうまくいかない部分が見つかったときにプレーを止め「ここ、どうしたらいい？」と問いかけます。結論が出たら、そこを意識してやってみる。その繰り返しです。

では、子どもたちがそんなトレーニングをしているとき、顧問の先生はどうしているか。私の狙いを汲み取っている方もいれば、そうでない人もいます。

後者の先生たちの目は、自分の教え子の姿だけを懸命に追っていました。近づいて「おい、ちゃんとやれよ」と言ったり、「こうやるんだよ」とアドバイスをする人もいました。残念ながら、私の指導や全体の変化には意識が及ばないのです。


講習会を依頼してくださったひとりの先生が、残念そうに言いました。

「子どもは失敗しないと自分で気づかないし、考えませんよね。そこにもっていく池上さんのやり方を先生たちに知ってほしかったのですが、みなさん、どうして気づかないんでしょうね?」

気づかない理由は、先の「ボール運び競争」のB組の先生と同じ。重要視する視点が、私と違います。B組の担任も、教え子の姿だけを追う顧問も、そのときの出来栄えを追いかけています。私たち大人が見るべきは目の前の結果ではなく、その子の先の成長や未来なのにと残念に思います。

目の前にいる子どもの出来栄えだけに心を奪われてしまうのは、保護者も同じです。北欧で生まれた「カーリング・ペアレント」という言葉をご存じですか？　日本でいうところの「モンスター・ペアレント」とは少し違います。

冬季五輪の種目でもあるカーリングのように、ストーンが無事に目標地点に到達するよう、ゆく道の表面をブラシできれいに地ならしする。子どもの先回りをし失敗しないようトラブルや課題を解決していく親の姿になぞらえ、過干渉な親を皮肉っているそうです。

米国で子どもを監視し過度に干渉する親のことを「ヘリコプター・ペアレント」といいますが、モンスターよりこちらのほうが似ているかもしれません。

10年前に当時の大学生が電車が遅れ授業に遅刻しそうなとき、風邪で欠席するとき、本人ではなく母親が大学に電話をしてくる。そんな話が新聞に載っていました。

私もこれまで似たような親御さんに出会いました。今でも、サッカースクールや講演でたくさんの方とお会いしますが、いろいろな知識があり情報に敏感な人ほど、過度に干渉しているように見えます。

みなさん、正社員が減り非正規雇用が増えるといった日本の社会の厳しい現状を理解しているので、子どもの将来に不安を抱いている。だから、わが子が失敗しないよう、落ち込むことがないよう、道の表面を懸命にブラシで掃くのかもしれません。

しかし、本来は人生には多くの失敗があり、失敗した自分を受け入れるたびに人は強く逞しくなります。よって、先回りして失敗を遠ざける行為は、実はわが子の成功を遠ざけることになるのです。

その意味で、足でボールを動かし「ミスするスポーツ」といわれるサッカーは、子どもが失敗するごとにタフになれます。しかも、他者とかかわる集団スポーツなので、コミュニケーション能力も磨ける。

「サッカーは人生そのものだ」

元日本代表監督で、私が在籍した時期にジェフを指導していたイビチャ・オシムさんが言った言葉の意味を、考えてみてください。

⚽子どもの失敗を認めよう

「みなさんはお子さんをプロにすることを目指していますか?」

10年前、講演で尋ねると参加者のほぼ全員が手を挙げていました。

今は手を挙げる人がほとんどいません。徐々にプロの厳しい現実が理解されてきたからかもしれません。何しろJリーグの平均引退年齢は25~26歳。プロ入り後、出場試合ゼロで引退する選手は毎年3割存在するのが現実です。

もうひとつの理由は、サッカーを成長のツールととらえる保護者が増えたからだと感じています。

「サッカーを通じて人間力を磨いてほしい」

「サッカーで仲間と一緒に困難を乗り越えたりして、人として成長してほしい」

そんな言葉を口にする保護者や指導者が増えてきました。

一方で、試合に負けたり、ミスをしたりと不調に終わると「本当に頑張ってたの?」

と子どもに詰問する親御さんもいます。結果が出ないことに、子どもより大人のほうが焦ってしまうからでしょう。

もともと子どもは残酷なので、誰かのミスで試合に負けると「あの子のミスで負けたんだ」と言ってしまいます。それを聞いて「じゃあ、君はミスしないの？」とわが子を修正できる親もいれば、一緒になって「あれはないよね」と同調する親もいます。

人生は、失敗（ミス）で学ぶことがたくさんある。そのことを理解できるのがスポーツの素晴らしさなのに、そのよさを台無しにしてしまいます。

ミスした当人がわが子だと、事態はさらに悪化します。

「ミスするのは集中していないから。気持ちが足りないから」などと、つい責め口調になってしまいます。

観察していると、指導者や保護者の子育ての考え方が、「修正できる親・同調する親」のように二極化していることに気づきます。もう少し具体的にお話ししましょう。

コンピューターに続き人工知能（ＡＩ）やロボットが現われ、生活の中で人の役割が変化するといわれています。単純作業は人の仕事ではなくなり、言われたことをやるだけでは社会で通用しなくなる。自ら考えて動ける人間力が、より求められます。

　これはサッカーも同じです。人とボールが連動して動くサッカーでは、他者とかかわるコミュニケーション能力と豊かな創造性が不可欠です。

　ところが、子どもたちが自ら考え、自立する機会を摘む日本の教育では、サッカーのフィールドで求められる人材が育ちにくいのが現状です。

　産業界もサッカーも進化するのですから、教育界も対応できる人材を育てようと改革を進めています。渦中にいる私たちは、子育ての考え方が変わっていく過渡期を迎えているのです。

　そのことを、大人が意識するか、しないかで、子どもの育ちは大きく変わります。

失敗を成長の糧にして、子どもを伸ばそうとする大人。

「失敗は恥ずかしいこと、悪いこと」というとらえ方の大人。

　つまり、21世紀を生き抜く力が何かを知っている大人に寄り添ってもらった子と、自分が育てられたように育ててしまう大人と過ごす子では、目に見えない「大人による格差」が生まれてしまいます。

もしかしたら「今までの子育て、失敗だったかも?」とドッキリされた方もいるかもしれません。

目の前のお子さんが何歳でも大丈夫です。今日から「どんどん失敗してごらん」と言ってみませんか。きっと、少しずつチャレンジし始めることでしょう。子ども同様、大人も失敗を認めることからすべてがスタートします。

離れるほうが子どもが伸びる理由（わけ）

「子どもに、こうしたらいいよと答えを教えるのではなく、気づかせることが大切ですよ」

前著の読者や講演に来てくださった多くの方が「目からうろこだ」と言ってくださいました。そしてそれを行動に移した人は、全員よい方向に向かっていると聞きます。

怒鳴りや指示命令をやめたら子どもが自分たちで考えるようになり、市大会どまりだったチームが県大会でベスト8まで勝ち上がったという人。子どもが楽しそうにプレーし、うまくなったというミニバスケットボールクラブの指導者。ことあるごとに「君はどうしたらいいと思う?」と問いかけ続けたお母さんから「おかげさまで子育てを間違えずに済みました」とお礼を言われたこともあります。

一方で、行動に移さない方もいらっしゃいます。

「失敗続きよりも、勝つ体験をすることでもっとうまくなるのでは?」

表現は異なりますが、大人のほうが失敗するのが嫌だからなのでは、と感じます。それは、日本の社会が「成果主義」だからなのかもしれません。社会は、学校や家庭の教育に対して厳しい。

ちょっとした失敗や、ゆっくりな発達を許してくれません。

「○年生になるのに九九ができないの?」「こんなこともできないの?」

そんなふうに大目に見てくれない。そのありようは「寛容の三重丸」とでも言いましょうか。周囲の大人の多くが「失敗してもいいよ。失敗させることが成長になるから」と、学校の先生、お母さんやお父さんに言ってくれたら、子どもの周りにいる大人たちは過干渉にならずに済みます。

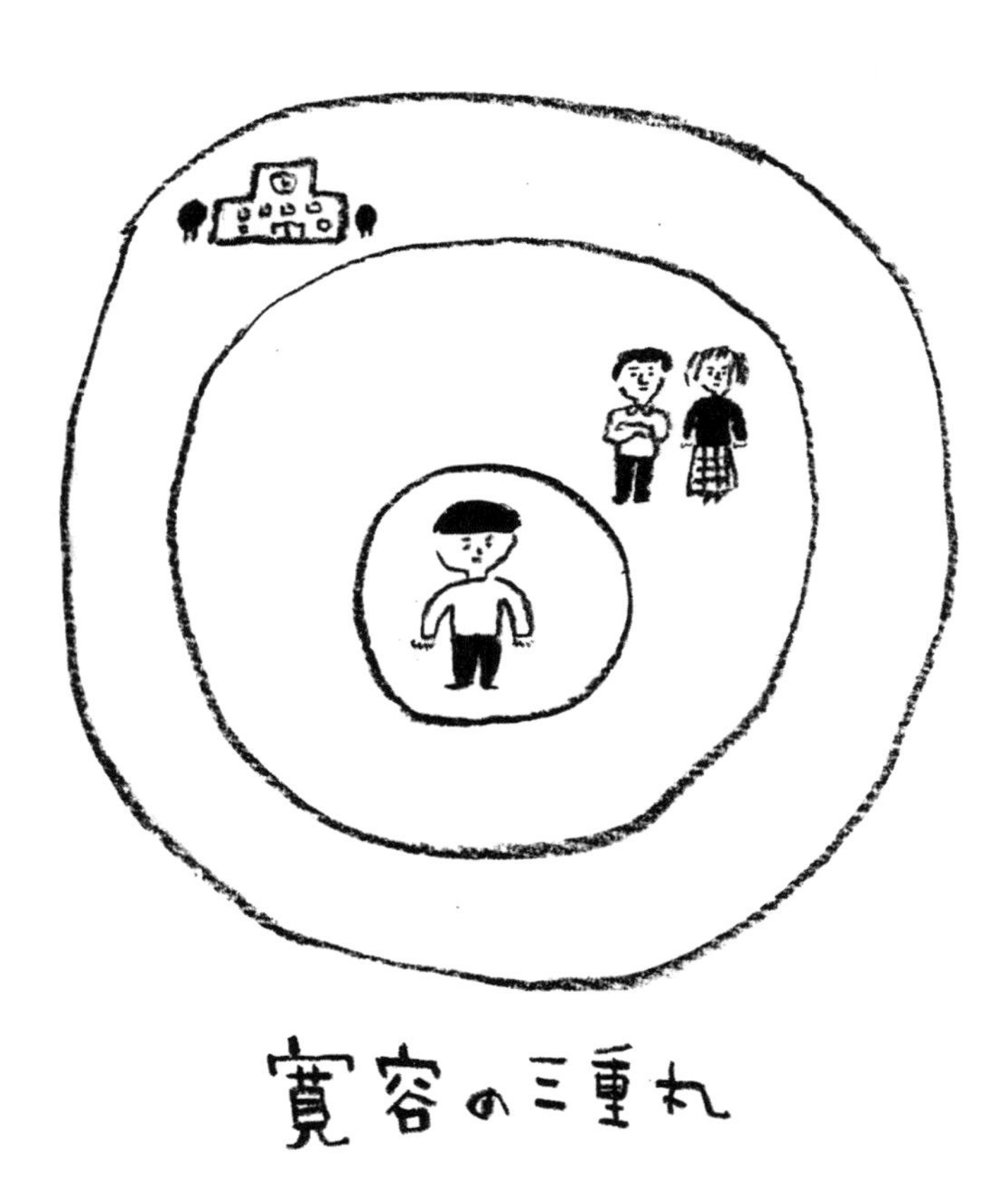
寛容の三重丸

こんなふうに社会、学校、家庭が、子どもにＯＫのマル印をつける形で寛容できる存在であれば、一番真ん中の子どもはのびのび育つことができます。

しかしながら、現状はその反対。社会も学校も大目に見てくれません。

よって、親子がつらくなります。

ならば大人は社会が変わるよう働きかけつつ、せめて同じサッカー少年団で、同じママ友同士、そして社会の一番小さな単位である家族のなかで、共通認識を持ちたいものです。


出会った親子をよく見ていると、親御さんが世話を焼かない家庭の子どものほうが断然伸びます。世話を焼かず子どもから離れるということは、子どもが自分で動くので失敗も多くなります。けれども、一つひとつがその子の力になるので、中学、高校になってからぐんと成長します。

恐らく、干渉してしまう親御さんの一部はそのことに気づいているはずです。それなのに（うちの子はダメな子だから、ある程度レールを敷いてあげなければ）と思い込んでいます。

でも、考えようによっては、干渉するからダメになったのかもしれません。ダメが先か、干渉が先なのか。幼児のころからの育ちを思い出してください。

干渉し過ぎたと感じたら、方向転換すればいい。

子育てはいつからでもやり直せます。

まずは、子どもの失敗やネガティブなことを責めず、「大丈夫だよ」と言って次のチャレンジを見てあげてください。そして、「お父さんはこんなに頑張った」「優秀だった」といった武勇伝ではなく、失敗談を伝えてください。

（お父さんだってたくさん失敗したけれど、ちゃんと大人になっている。大丈夫だ）

特に父親を超えたい男の子は、安心するでしょう。いつも伝えることですが、親は子どもがホッとできる安全基地にならなくてはいけません。

「私はほめるのが苦手なので、他人にほめてもらえ」と語るお父さんもいますが、子どもが一番認めてほしいのは、間違いなく自分の親なのです。

サッカー先進国である欧州や南米の各国は、「寛容の三重丸」が成り立っていると感じます。ですので、よいものは取り入れたほうがいいと話をすると「でも、ここはヨーロッパじゃありません。日本ですから」とかたくなに心を閉ざす声もあります。

「池上さんの練習メニュー、普通ですね」

一方で例えば、こんなことをよく言われます。私の指導がテレビで放映されたり、DVDになったりしましたが、それを見た指導者の方からの感想です。実はこの「普通ですね」は日本の指導者が欧州に行くと、必ず出る言葉でもあります。

「ヨーロッパも日本と変わりませんね。普通ですね」

普通ですねと言った人たちは、なんとなくがっかりしています。欧州のコーチたちは誰も考えつかないような凄いメニューで子どもたちを教えているのではないか。そんな期待感があるのかもしれません。

そんな彼らに私は「みなさん、一体何を見ていますか?」と質問したくなります。ドイツやスペインのコーチらが子どもたちに送るアドバイスの内容やそのタイミング、その視点、問題の見つけ方、選手全体の変化。実はそういったところを見なくてはいけません。日本の指導者とまったく違うのですから。

例えば彼らは失敗を繰り返す子ほど追いかけていって、懸命に指導します。日本では、失敗する子は「あいつはちょっと難しいね」と置き去りにされがちです。残念ながら、指導する態度や子どもとの距離感の重要性が浸透していないようです。

第2章

大人は消える

嫌がってもきつく言ってやらせることが、「本当の厳しさ」ですか？

子どもが自分でやり通せるように。

試合を観に行かないほうがいい理由

京都サンガで育成にかかわっていたころのことです。

サンガが運営するサッカースクールは、おおよその定員を決めてはいましたが、その時間帯の希望者が多めに入れば参加させていました。子どもが1人か2人増えても、指導するコーチの力量に問題がなければ弾力的に人数を増やしたわけです。

ところが、見学したひとりのお母さんが練習後にスタッフにこう言ってきました。

「今日の練習、定員より人数が多いんですけど」

つまり、手とり足とり教えることが練習だとイメージされていたようです。私が在任中の後半はそのような指摘はなくなりましたが、そこまで気にしているのかと驚きました。

他クラブのスクールでは、コーチが声をかける回数を数えているという保護者がいたと聞きます。ほかの子どもへ何回声をかけたかを、わが子に対するものと比べて

「うちの子は教えてもらっていない」と苦情を届けるわけです。

親御さんも、子どもも、「サッカーはコーチに教えてもらうもの」という感覚が強いようです。なぜ強いかといえば、学校や家庭では「大人の言うことを聞く子ども」が最も認めてもらえるからだと思います。よって、指示があるまでぼんやり待っています。教えてくれるまで何も考えません。

それよりも、「自分でつかむ」というイメージで向き合っている子どものほうが断然伸びます。例えば、ほかの仲間がコーチから言われたアドバイスを耳にした子が「これは僕もやったほうがいいな」と気づいて、同じことをやってみる。このようなアンテナが立っている子は、そうでない子と比べると、早く太く成長します。これは、サッカーでも、勉強でも、何事も同じでしょう。

そのように自分でつかもうとする子に育てるには、親が離れていかに自由を与えるか。これにかかっています。それなのに、大人は子どもをなかなか自由にしてくれません。練習や試合を観に行ってビデオを撮っては、帰宅するとそれを見ながら反省会。

「どうしてあんなミスするの？」

「なんであそこで走らなかったの？」

言葉の表現に違いはあれど、責め口調になってしまいます。

「子どもの試合は観に行ったほうがいいでしょうか？」

講演で毎回のように尋ねられます。しかしいつも「観に行かないほうがいいですね。観れば何か言いたくなるでしょう？」と答えます。

「やはり、（わが子の）プレッシャーになりますよね」とおっしゃいますが、マイナス面はそれだけではありません。

前章でも伝えましたが、今の子どもたちは失敗を怖がります。でも、サッカーはミスのスポーツです。足を使うので、ほかの種目より圧倒的に失敗する場面が多い。よって、皆さんは「丁寧に（プレーして）！」とか「（保持したボールを）大事に！」などと声をかけますが、そのような声がけは、「これをやってみよう」とトライする勇気や意欲を子どもから奪います。

「じゃあ、黙って観ていればいいですね」

いいえ、別に黙らなくてもよいです。いいプレーが出たら「ナイスプレー！」と拍手をしてあげてください、と話します。

ただし、わが子がミスをしたとき、どうするか。そこに一度注目してみてください。もしお母さんやお父さんのほうをちらりと見たり、顔色をうかがうようなそぶりがあるのなら、しばらく観に行くのをやめましょう。期待にこたえたいから、親御さんの前で失敗するのが怖いのかもしれません。たくさんミスをして上達するスポーツなので、親がそこにいるだけで逆効果になってしまいます。

逆も然りです。ゴールを決めると、仲間よりも親のほうを見てガッツポーズする男の子がいました。親の期待を一身に感じているからです。パスをつないでくれた仲間、一緒に戦う仲間と先に喜びを分かち合えるようになってほしいと思いました。

「観に来ないで」と言われているなら、もう末期です。すぐにやめましょう。それなのに「親のプレッシャーくらい、はねのけられなくてどうするんだ！」と強行するご家庭もあるようです。これは理にかなっていません。

失敗させるには、親はそばにいないほうがいい。親子の間に、ほどよく距離が保たれているほうがよいのです。

実は、親の干渉問題は昨今、日本だけでなくサッカー先進国であるドイツでも現出しています。

十数年くらい前。私がドイツに視察に行ったとき、ブンデスリーガの下部組織で練習を見に来る親はゼロでした。ところが、少し前に見学したレバークーゼンは、大勢の保護者が観に来ていました。ご存じのように、トップリーグの下部組織のジュニアチームに所属するのは狭き門です。よって、親からすればわが子への期待があるのでしょう。

帰国後、そのことを来日したドイツの指導者に話したら「親のフィーバーは、ドイツでも問題になっている」と教えてくれました。「プロになって欲しいという親の期待が大きすぎる」と。

十数年前は子どものサッカーと距離を置いていたのに、変わってきた背景に何があるのか。詳しくはわかりませんが、世界的な経済不安や不況下で、欧州にも英国のE

U（欧州連合）脱退など社会に強い閉塞感が漂っているのは間違いありません。

日本では、ここ10年ほどで試合や練習を観に来るお父さんが増えています。２０１６年でJリーグは25周年でしたが、プロ化以来日本のサッカー人口は、日本サッカー協会の登録人数で見ると50％増になりました。サッカーを経験している親御さんが増加しているからともいえます。

もうひとつ。10年前よりも土日に出勤する人が少なくなっているようです。今は休日出勤も残業もしない。だからといって裕福になったわけではなく、貧困層と富裕層の二極化が進んでいます。親のエネルギーが、より子どもへ注がれてしまうのかもしれません。

大人は消えろ

ジェフユナイテッド市原・千葉に私が入団した２００２年のことです。夏休みが明けたある日、クラブのゼネラルマネージャー（ＧＭ）で私の上司でもあった祖母井秀隆さんから新しいプロジェクトを持ちかけられました。

「ジェフはホームタウンのためにまだ何もしていないよね。子どもたちのために何かしたいんだ」

ドイツのケルン体育大学で育成を学び、サッカーで日本の教育を変えたいと本気で思っている人です。

「池上さ、子どもにとっての遊びって、何だかわかる?」

私が「楽しみ。ルールまで自分らで決められるような楽しい遊び」と答えると、目尻を下げて言いました。

「おまえ、隊長失格やぞ。子どもの遊びには、そこに大人(指導者)がいないほうがいい。それが子どもの遊びだ。少年サッカーもそうなるべきだ。大人は消えなきゃいけない」

安全管理やメニューを出す役として、大人は1人でよい。でも、何かを教え込むのではなく、あくまでも楽しく自由に遊ばせることが最大のテーマです。そこで子どもがたとえ１００人いても、大人は１人で指導することにしました。

大人がその場にいないほうが、子どもは成長します。子どもは評価を気にせず、失敗を恐れず自由に活動できる。指示がないので自ら動く。誰かがけんかをすれば誰かが仲裁するなどして、コミュニケーション能力を磨きます。おとなしくて仲裁できなくても「そのドラマをみる」ことが未来につながるのです。

これが、のべ50万人の子どもと接してきた巡回指導になりました。ジェフでは「サッカーおとどけ隊」、そのあと私が移籍した京都サンガでは「つながり隊」という名称に変わります。

まずはジェフのホームタウンで活動するサッカークラブのジュニアチームや少年団を回りました。ところが、うれしそうに白い歯を見せて練習をする子どもを見たコーチにこう言われてしまいました。

「もっと真剣にやらせたいんですけど。この練習では試合で勝てませんよね？」

今から15年前は「子どもにサッカーを楽しませる」という概念はほとんどありませんでした。誰にも受け入れてもらえず困っていたところに、市原市内の小学校の校長先生から電話が入りました。

「池上さん、子どもにサッカーの楽しさを教えてください」

その小学校が起点となって「ジェフのおとどけ隊はいいよ」と評判になり、ほかの学校からも声をかけられるように。同時に、祖母井さんが「変えたい」と話していた日本の子どもの課題を実感しました。

・自分から自発的に動けない。
・アドバイスを待つだけで、自ら考えて工夫しない。
・仲良しの子とばかり接して、誰とでもコミュニケーションすることが苦手。
・自分の成果だけに集中し、ほかの子の様子やグループのことを気にかけない。
・男の子と女の子が混合で活動しない。

「そんな子どもたちを変えるためにどうしたらいいでしょうか?」

何の面識もない教育系の大学関係者へ、すがるような気持ちでメールしました。専門家の先生に一緒に考えてほしいと考えたのです。すると、「私たちも子どもや教育現場を変えなくてはいけないと思っていますよ」といった返信が50人中8人から届きました。

なかでも初等教育に詳しい千葉大学名誉教授の徳山郁夫先生が、コミュニケーションスキルや自ら考える力を向上させる遊びのメニューを、次々と教えてくれました。そのすべてが、大人は最低1人で済む「子どもだけで遊べる時間」を充実させるものでした。

子どもを甘やかす「厳しい大人」

「子どもの邪魔をしない」

祖母井さんから15年間、私はこの言葉を頭に置いて子どものそばにいました。

ところが、保護者も、コーチも、先生も、大人たちはこぞって邪魔をしていないでしょうか。

例えば保護者。

「うちの子、なかなかうまくなりませんね」

練習や試合を観に来られたときに憤慨するお父さんやお母さんは、少なくありません。「でも、お子さん、すごく楽しそうにサッカーをしていますよ」

そう返しても「でも、まったく上達していない。家でも全然自主練しないし……」

と、だんだん目がつり上がってきます。

そういう人の多くが、わが子にネガティブな声がけをしています。

「もっと頑張らなくちゃダメ！」「どうしてできないの？」「やっぱり君には無理だったね」

親御さんにとって、子どものサッカーは学校の成績と同じとらえ方のようです。塾の先生に向かって「家でも勉強しないんですよ！」と愚痴をこぼしているのと同じなのかもしれません。

私が大阪ＹＭＣＡの選抜クラスを教えていたころ、週２回練習をしたり、大会にも出場していました。

ある日、６年生の試合を観ていたお母さんが、ハーフタイムに硬い表情で現われました。「うちの子、全然上達してません。がっかりしたので、連れて帰ります」

母親に引っ張られるようにして姿を消したときの男の子は、とても辛そうでした。

このように、結果をすぐに求めてしまう親御さんは少なくありません。

そんななか、邪魔をせず干渉しないほうが子どもは伸びる――このことを証明してくれるような話を聞きました。


ある雑誌が、東日本大震災のあと「日本を覆う〝閉塞感〟を打破してくれそうな若者」として選出した「日本を立て直す１００人」という特集を組みました。

発表したあと、「１００人がどのようにして育ったのか知りたい」との反響があり、彼らの育ちに迫ったところ、共通していたのは「やりたいことを自由にやらせてくれた」「否定せずに見守ってくれた」といった親像でした。

このようなエビデンスはたくさんあるのに、子育てが「〇〇をやらせる」「厳しくやらせる」といったとらえ方になっているのが現実です。

「うちは子どもを甘やかさず、厳しくしています」

みなさんよくおっしゃいます。でも、親が命令してやらせる、嫌がったら厳しく言ってやらせることは、本当の厳しさでしょうか？

「日本一厳しいサッカーコーチです」

私は自らをこう公言していますが、なぜ厳しいかといえば、子どもが気づくまで何も言わないからです。子どもはそのうち、私に自分が試されていることに気づきます。だから自分で考え始めるのです。

「ここ、間違ってるよ」「こうしなさい！」と過度に世話を焼く大人は、一見して厳しそうに見えますが内実は違います。実は子どもを甘やかしています。

誰しも自分の子はかわいいものです。

よって、なるべくなら、わが子に悲しい思いや辛い経験をさせたくない。わが子を思うがゆえに、ついなんでも先回りしてしまう。その行動が、子どもの成長する機会を奪っているのかもしれない。

「子どもとの距離感が近すぎるのではないか」

今一度、ご自分の子育てを見つめ直してもらえたらと思います。

「ボクはひとりです光線」を発する子

小学校の先生の多くは、毎日忙しく大変な思いをして子どもと向き合っています。ただ、知らないうちに子どもの邪魔をしていないでしょうか。

小学校での私の授業では、子どもたちは高い集中力を見せてくれます。一心不乱にサッカーをするので「ここから外に出ないようにしましょう」と私が事前に示したコーンの外へ、どんどん出てプレーしてしまうということが多々あります。

ある学校の先生はその様子をハラハラした顔で見守りつつ、私に「池上さん、あんなことになっていますけど、私は言わないほうがいいんですよね？」と言ってきました。

「今は私の授業なので、黙って見ててくださいね」と私。まったくサポートをしないわけではありませんが、すぐに世話を焼かずにまずは見守るのが私のスタイルです。

そのうちに気づいた子が「おーい、広がり過ぎてるぞ〜」と叫び始めました。すると、ほかのグループでも似たような状況になっている子たちが少しずつ気づき始め、お互いに注意し合うようになりました。

ところがある学校では、ひとりの先生が思いがけない素早さで児童のもとに飛んでいき、こう叫びました。

「あんたたち、コーンのなかでやれって言われたでしょう!? 何聞いてたの！」

隣のクラスがコーンのなかでやっていたので、自分のクラスができないことが腹立たしかったのかもしれません。

こうなってしまうと、そのクラスの子どもたちは自分たちの力で動けなくなります。何かまずいことがあれば先生が飛んでくるため、自ら考える力も育ちません。サッカーチームでも、何か起きると大人が解決し、交通整理しています。

それでなくても、〝放課後遊び〟をしなくなった今の子どもたちは、大人が見ていない環境で仲間と遊ぶ機会が減っています。

第２章　大人は消える

ひとつの例を挙げましょう。

私は学校の授業やサッカースクールで、コミュニケーションスキルを上げるメニューをたくさん行います。例えば、3回手をたたいたら3人組になる。4回たたいたら4人組に。すると、そばに組む子がいない子はほとんどの場合、すぐに私のほうを見ます。ほかにまだ組めずにうろうろしている仲間がいるのに「ボクはひとりです光線」というヒカリを出します。

反対に私は「君はどうするの光線」というヒカリを発しますが、彼らにはなかなか伝わりません。「ひとりです光線」が強く、態度が頑(かたく)なな場合、グループを形成しようとしているほかの子たちに「あそこに待っている子がいるみたいだから、助けてあげてくれる?」とサポートをします。できない子を動かすのは相当時間がかかるので、ほかの子を動かすわけです。すると、徐々に光線を出さなくなります。

なかには、自分が見つけられないでいるのに、「僕らのグループに入ろう」と誘いに来る仲間に対し「おまえらとはやらない」と断る子がいます。

「えーっ。せっかく助けに来てくれたのに？　素直にやったら？」と私が言うと、仕方ないなあという感じで交わる子もいますが、頑なに断る子もいます。

「僕はひとりでもいい」「僕は別にやらなくてもいい」と言います。

多分に家庭環境に問題があるような気がします。「どうせ、やったってつまらない」などと虚勢を張りますが、親にいつも叱られていたり、自己肯定感のなさが見え隠れするケースは少なくありません。

そのような子たちを見つけた先生は、先ほど例に挙げた人のようにすぐに出てきて世話を焼いてしまいます。

すると、今の子は賢いので、できない子はわざとボーッとし始めます。間違いなく大人が「ほら、ここ2人組になりなさい！」と大人がやってくれるとわかっているからです。こうなると、子どもたちが自分たちの力で解決する経験ができません。

せっかく賢いのですから、異なるベクトルに導けば力を発揮するはずです。その意味で、かかわる大人の責任はやはり重大なのです。

⚽相手の自由を保障するブラジルの子

だったら、日本以外の国の子どもはどうなのか。

ブラジルの子どもは「自由」の意味を知っています。自分の自由を守るためには、相手の自由も保障しなくてはならないと理解しています。ブラジルといえば、「好き勝手に自由にしていいそう」というイメージかもしれませんが、自由な国であっても自己中心的な子は嫌われます。

例えば、ブラジルの少年サッカーの練習で「手つなぎサッカー」というメニューがあります。２人組で手をつないだまま、普通に試合をします。「右に行くよ」「左に下がるよ」というように、自分の意思をパートナーに伝えなくてはなりません。と同時に、パートナーの意思を、その声やつないだ手の動きなどから感じ取ります。

だから「手つなぎサッカーをやるよ」とコーチが言うと、「一緒にやろうぜ！」と誰とでも２人組になります。ストレスを感じることなく、できるのです。

それを日本の子どもにやらせると、各々勝手に動くのですぐに手が離れてしまいます。黙ったまま声もかけ合わず、相手のことを考えたり、気づいたりしようとしない様子が見てとれます。「こんなの無理！」と音を上げる子もいます。

これは「自分の自由を守るためには、相手の自由も保障しなくてはならない」という、前述の自由の意味を理解していないからです。

「手つなぎサッカーくらいで日本の子どもの本質はわからない」と考える方もいらっしゃるかもしれませんが、私は実は重大だと感じています。

日本の子は、学校やサッカークラブで「みんなで協力し合いましょう」と大人に常に言われて育っています。それなのに、協力し合いません。大人に「協力しなさい！」と言われたときだけ、やります。なぜなら、そうしないと、大人に叱られるからです。

「あいさつしなさい」といつもコーチから口酸っぱく言われている子が、サッカーのときはあいさつするけれど、近所の人にしないのと同じです。

ところが、ブラジルの子は、手つなぎサッカーでもわかるように協力し合います。「協力し合いなさい」と言われて育ったわけではないのに。

協力し合えるのは、サッカーや日常生活を通して、彼らに「本当に自由なメンタル」が育まれているからです。

「君もやりたいことがあればやったらいいよ。僕は認めるよ。その代わり、僕の意思も認めてね。お互いを尊重し合おう」

そんなふうに考えています。

だから、自分がいいポジションにいて、ボールを持った味方に「こっち!」とアピールしてもらえなかったとしても、彼らは「あの子にはあの子の都合があってパスを出さなかった」と理解します。そして、次にまた機会があるさ、とトライを続けます。

ところが、日本の子は「僕がいいところにいるのになんでよこさないんだ!」と怒ったりします。それは、大人が「なんであそこフリーなのに出さないの?」と叱るのを見ているからです。

大人も、子どもも、残念ながら他人の自由を保障していないようです。

そこに自由はあるか

小学生も含めてですが、子どもにだって親や教師に知られたくないことがあります。思春期を迎える中学生になれば、余計に親から離れたくなります。小学生以上に子どもの自由を保障してあげなくてはいけません。

ある公立中学校の体育を受け持つ男性教師は、心の病をもつ子を扱う部屋の担当をしています。保健室とは別にその部屋があり、登校したら自分のクラスではなくそこに行く生徒が少なくありませんでした。「心を休める部屋」みたいな位置づけでした。

男性教師の部屋には毎日行列ができました。生徒の話をよく聴いて理解しようとするため、生徒たちから絶大な信頼を得ていました。生徒が自分から話始めなければ放っておく。生徒たちは実際に教師がいないほうがのびのびと、自分たちの学習に取り組むのでした。

ところが、各クラスの担任からは、その男性教師は嫌われていました。

「どうしてうちの子を来させるんですか？」と文句を言われることもありました。担任たちは、自分のクラスの子がその部屋に行くのを嫌がりました。校長など学校からの評価を気にしているようでした。

「でも、子どもが来たいって言ってるよ」

ベテランらしくうまくかわしながら、部屋を運営していたそうです。

その先生が「部屋」をつくったきっかけを聞いたことがあります。

それ以前から中学校が荒れていたので、ある日すべての学年の教室を見て回ったそうです。あるクラスの教室を見てがく然としました。

黒板の上に、クラスの組織図が書かれていました。

「〇〇王国」

〇〇は担任の先生の名前です。

「天皇」のところに、担任の先生の名前がありました。その下に「総理大臣」とあり、そこには学級委員長の名前が、その下には各委員会の委員長の名前がありました。

このカースト制度のような序列は、その担任の先生がクラスを統制管理し、物事を強制しやすい構造にしていました。一方で、生徒間に差別や格差をつくり、いじめを生みやすい構造になるというのに。

統制して自由をなくせば、子どもたちは息をひそめておとなしくしているため、面倒なことが起きません。ほかの先生たちもやめるよう説得しましたが、応じません。参観日のときだけ外すようなことをしていたそうです。

そのような先生は少数だとは思いますが、程度の差こそあれ、大人は自分が管理しやすい枠に子どもたちを組み込んでしまいがちです。実際に、そのような教育は望まれていないはずなのに。

「そこに自由はあるか」

子どもが毎日を過ごす環境を見るとき、そこに自由度があるかどうかを選択の基準にしませんか。

・指導者が指示命令ばかりして怒鳴るサッカークラブは？
・「勉強しないといい学校に行けないぞ」と脅すばかりの先生は？
・習い事、付き合う友達、その日やる遊びまで、親に決められる家庭は？

大人が子どもの邪魔をしていないか。過剰に管理していないか。適度な距離感を保っているか。

賢い大人は、そこを見るのです。

第3章 眺める

「うちの子、スランプなんでしょうか?」と
すぐ不安になるのはなぜでしょうか?

「成長のらせん階段」を見守りましょう。

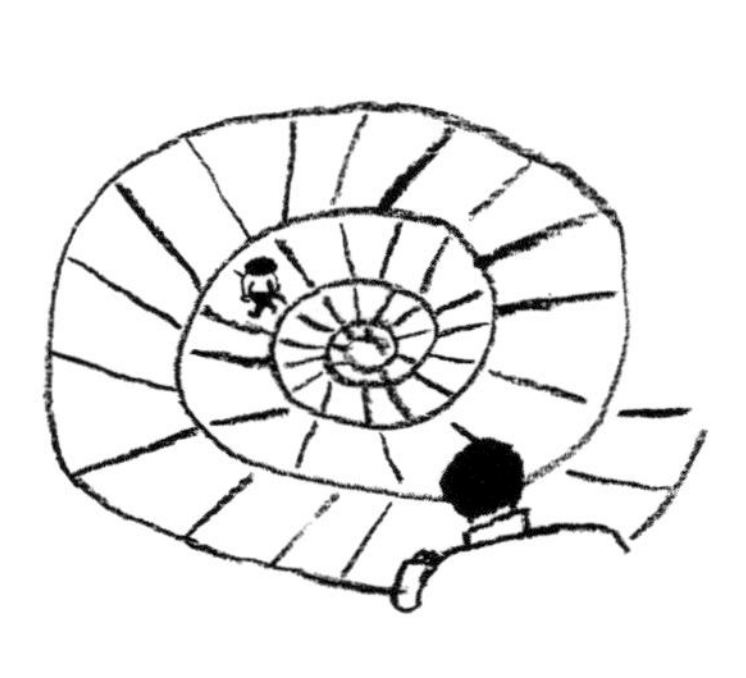

子育ても過去のセオリーが通用しないものがある

子どものコミュニケーションスキルを上げたり、自分で考えさせる遊びのメニューを考案してくれた千葉大学名誉教授の徳山郁夫先生が、近頃のＮＢＡ（全米プロバスケットボールリーグ）の話をしてくれました。

「世界のバスケットを変えてしまう選手が現われたよ」

ゴールデンステート・ウォリアーズに所属するポイントガード、ステフィン・カリー選手のことです。１９８８年生まれ。身長１９１センチとこの競技ではそんなに大柄でもない彼は、ＮＢＡ70年の歴史を塗り替えたシューターなのです。

２０１５～16年シーズン（82試合）は、４０２本の3ポイントシュートを成功させました。通常ならシーズン通して２００本以上をネットに沈めればリーグトップのシューターといわれるため、倍近くに達するこの数字は異常といわれているそうです。

サッカー選手がマークマンを外してフリーになった瞬間にシュートを打つように、バスケットも従来のシューターは味方のアシストパスやスクリーンを利用し、フリーになった状態で3ポイントシュートを打ちます。

ところがカリー選手は、通常では考えられない相手マークがついている状態でシュート。相手が警戒していない3ポイントラインの数メートル後ろからシュート。ハーフコートラインから決めてしまうことも珍しくありません。シュートが決まる前に振り返りディフェンスに戻ってしまうこともあり、相当な自信をもっていることが伺えます。

このような彼の出現により、NBAは3ポイントシュートを阻む守備に変わってきました。そして、この流れはバスケット界全体に影響を及ぼしています。彼は「バスケットの戦術を変えた男」なのです。


「サッカーの戦術や指導方法は、どう変わっていくのでしょうか？」

ある取材でこのような質問を受けた際に、カリー選手の話をしました。

つまり、スポーツの戦術や指導は、「選手」が変えていくのです。

凄い選手が現われて、セオリーが通用しなくなる。そうなったとき、それを敏感に感じ取るアンテナと、対策を練る頭脳がなくてはコーチは通用しません。

これはサッカーも同じです。

「よりテクニカルに、よりコレクティブ（集団的）に、よりスピーディーに、よりタフに」

世界のサッカーのトレンドは数年前からこういわれています。ボールを止める、蹴る、運ぶ、奪うなど基本技術がレベルアップするなかで、「コレクティブ」は攻撃と守備の一体化を意味します。この「全員で攻め、全員で守る」イメージは、ずっと以前から私が少年サッカーでも必要だと訴えていたものです。それによって中盤でのボールの争奪戦がタフになり、攻守の切り替えもよりスピード感が求められるようになりました。

これも、どんどん選手がレベルを上げて、それを指導者が追い越してきた結果だと思います。どう動くか、どう攻めるか、どのタイミングでボールを奪いに行くか。サッカー選手は「考える力」がなくては務まりません。

さらにいえば、そんなサッカーを90分間やりきれるか。ハードワークを持続できるかどうかが勝敗のカギを握るようになってきました。

バスケットもサッカーも、世界はこんなふうに急速に進化しています。スポーツも、社会のありようもいろんなものが進化する。そのなかで、少年スポーツだけが何も変わらなくていいわけがありません。人工知能時代へ向け、子どもの育て方を変えなくてはいけないのです。


それなのに、いまだにこんな相談をよく受けます。

「体罰はなくなりましたが、暴言や怒鳴る指導が減りません。地域からなくしたいのですが、どうすればいいですか？」

これはもう、その指導者自身が、怒鳴ったり、暴言を吐くことで生じる「リスク」を自ら実感して学ぶしかありません。怒鳴ってやらせることで、いくらか子どもが上達した成功体験があり、そこから離れがたいのだと思います。

よって、多くの人が「どうしたら怒るのを我慢できますか？」とか「感情をコントロールする方法を教えてください」といったことを私に聞いてきます。我慢すればよいという発想の根底には、「結局は怒鳴ってやらせたほうが早い」「効果的だ」という価値観が横たわっているのかもしれません。

しかしながら、そのような旧態依然とした指導は以下のようなリスクが伴います。

✖コーチの顔色ばかりうかがって、難しいプレーにはトライしない。
✖今日は機嫌がいいのかな？　とコーチのことが気になって、サッカーのことを考えない。
✖アイデアが浮かんでも、教えられたこと以外のプレーを試すのを恐れる。
✖ミスを怖がり、また、ミスをした仲間に対し厳しい態度になる。
✖楽しくサッカーができないため、練習がおっくうになる。

「✖」は書こうと思えば、何個でも書けます。

ただ、この内容を知らせても、指導者が「本当にそうだ」と納得したり、「うちの選手がトライしないのは自分が怒鳴るせいだ」と実感しなくては何も変わりません。

つまり、過去のセオリーが通用しなくなっていることを「敏感に感じ取るアンテナと、対策を練る頭脳」が必要なのです。

子どもの成長はらせん階段

指導者はもちろんですが、身内である親は、よりわが子に対して厳しい態度になりがちです。きつい言葉のリスクは、親子関係にも存在します。そのようなリスクに気づくには、まずは子どもの姿をじっくり眺めてほしいと思います。

例えば、私が考えるサッカーの指導は、ドリブルができるようになったら、次はパス。パスも、基本技術といわれるインサイドキックができるようになったら、アウトサイドキックを――と段階を踏むものではありません。

技術練習よりも、ミニゲームに時間を割きます。どんどんゲームをやらせます。小学校低学年から、もっといえば幼稚園児も、試合をします。攻守はもちろんのこと、すべての技能が含まれているのが試合だからです。

一見すると、何が、どの技能がうまくなっているのかは、わかりづらいかもしれません。けれども、小さければ小さいほど、サッカーというスポーツの仕組みや感覚、楽しさを伝えていったほうがいいと考えます。


この少年サッカーを含めた子どもの育ちを、私は「らせん階段」みたいなものだと考えています。

らせん階段は、横から見ていると、より高いところへのぼっていくのがわかります。ところが、らせん階段をずっと上のほうから眺めると、どう見えるでしょう。柱の周りをグルグル回るだけで、まるで元の場所に戻ってくるように見えます。子どものサッカーも同じです。親御さんたちは、上のほうにいて「ここ（のレベル）まで来てほしい」と思いながら見ているため、上達したように見えません。

「うちの子、全然うまくなってないんですけど」

「サッカーには向いていないんでしょうか？」

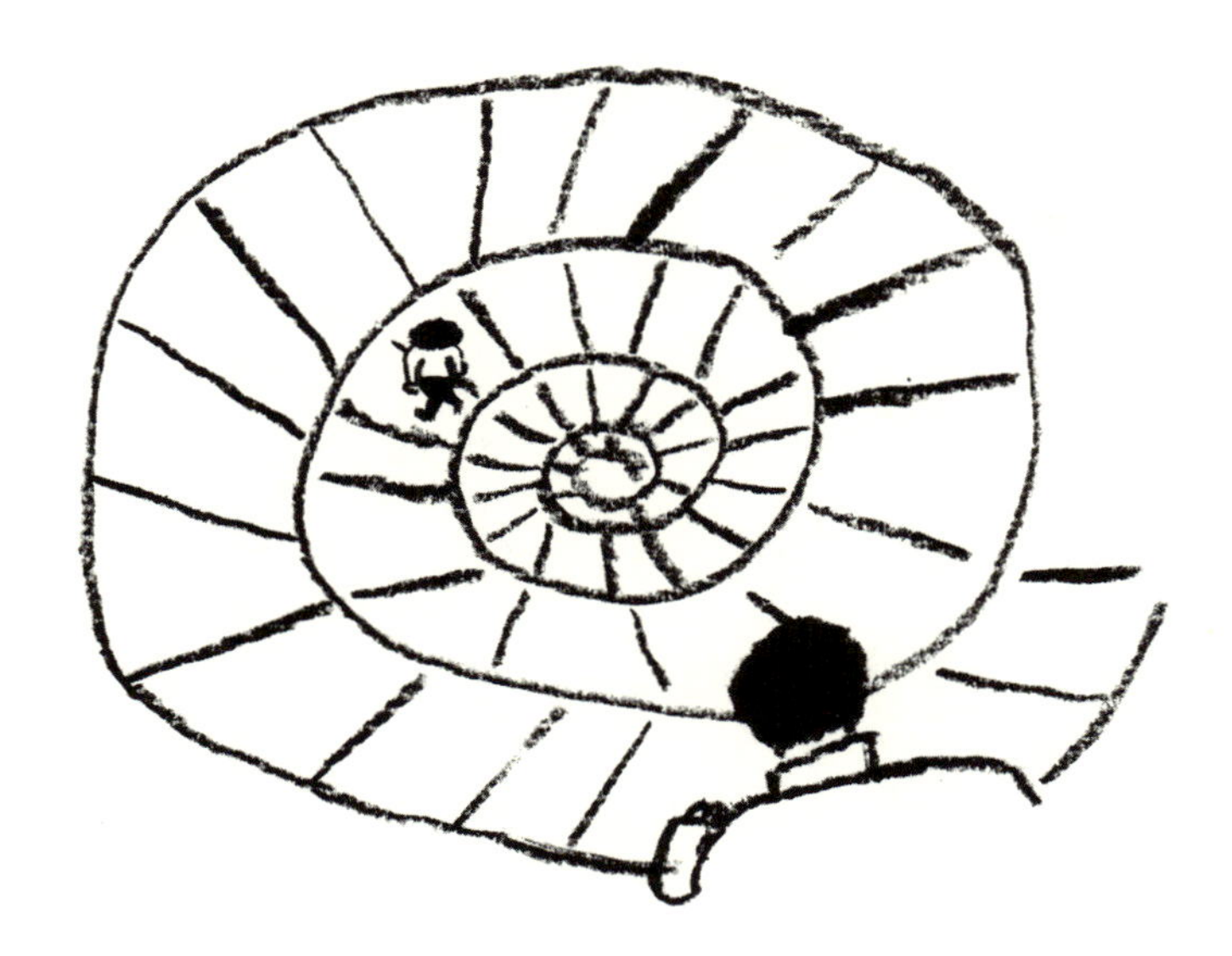

成長のらせん階段

もっと不安な方は、小学1年生の息子さんについて困った顔でおっしゃいます。

「うちの子、スランプなんでしょうか?」

私は「そうですか? でも、すごく楽しそうにサッカーしてますよ」と答えます。らせん階段をのぼるお子さんをしっかりよく見れば、ただ元の場所に戻ってきてはいません。必ず、一段、一段、高い場所にのぼっているのですが、大人はらせん階段の上から見ているため、前出のお母さんが言ったようにスランプに陥っているかのように見えます。


例えば、ドリブルのフェイントができるようになる。体得したけれど、どこでどのタイミングで使うと有効なのかを理解し、実践するまでに少し時間がかかります。一度やってみて「ああ、ここで使うんだ!」と気づいて、トライする。失敗したら、どうして失敗したか考えて、工夫します。

子どもは自分が踏んでいるプロセスをうまく言語化はできませんが、早い遅いの個人差はあれ、そんなふうに階段をのぼっています。

それなのに、上から眺めている大人が「全然上達しない」とか「○○君と比べたらミスが多い」などと否定すると、子どもはがっかりして意欲を失います。自己肯定感の高い子であれば「そんなことないよ！」と抵抗できますが、低い子は「やっぱり僕は何をやってもダメだ」と、いっそう自信をなくしてしまいます。

これは、学校の勉強も同じかもしれません。先生が「算数はここがわかってないね」と見つけてくれて「ここはこうだから、こうしたらいいんだよ」と教えてくれたとします。

最初はなかなか理解できないので、何も変わりません。でも、少しずつわかり始めます。お母さんも「わかってるじゃん！」と喜び、一瞬手応えを得るのですが、テストで時間内に計算ミスもなく問題を解くというところまではいきません。つまり、理解したことを行動に移すまで時間を要します。

「わかってるんだけどなあ」と、本人もできないことを悔しがります。

ただ、ひとつ忘れてはいけないのは、確実に成長し階段をのぼっている、ということです。

このように一見、停滞しているように見えて、実は成長しているわけです。

さらにいえば、何かひとつできると大人たちが「次はここまで」と目指す目標を勝手に高く定めてしまうので、余計に成長していないように感じるのかもしれません。もしくは、「今できないこと」に目がいってしまい、成長に気づけない。これは、日本の過去の子育てが全般的に、「よいところをほめて伸ばす」よりも、「ダメな部分を矯正する」教育に軸足があった影響かもしれません。親自身も「ここがダメ」「次の目標はここ」と干渉されがちだったからです。

子どもができないことが気になったり、成長していないと感じたら「子どもの成長はらせん階段なんだ」と思い出してください。上から見ているばかりではなく、たまには視点を変えて、子どもの姿を眺めましょう。

どんな道かを決めるのは子どもです。大人の役目は、それがどんな未来であってもそこで輝けるようにするために「今の時間をどう使っていけば、伸びるかな？」と考えることです。

らせん階段から眺める3つの視点

では、らせん階段の上から、子どもの何をどう眺めていけばいいのか。
考えられる主な視点は、以下の3つでしょうか。

①主体性
「これをやりたい」「やろう！」と自発的に自ら考えて動いているか。
②自立
保護者やほかの大人に依存せず、自分でやれることをやろうとしているか。
③協働性
自分の思いだけでなく、仲間の気持ちを考えたり、チームで成長しようとしているか。

仕事柄、少年サッカーの試合を観戦する機会がよくあります。子どもたちのプレーやコーチの声がけ以外に、私が着目しているものがあります。

それは、ベンチでプレーする仲間を応援している控えの子どもたちです。彼らがベンチからどんな声をかけているかで、そのチームの指導レベルがわかります。

例えば、相手に攻め込まれた場面で、味方の選手がタッチラインの外にボールを蹴り出すとします。

すると、ベンチにいる子どもの多くが「ナイスクリア！」と声をかけます。よく見ると、ベンチにいるコーチも同じことを言って拍手を送っていることがあります。マークしてピンチを救ったのはわかるのですが、何も考えずに蹴っていることのほうが多いです。実はこの声がけ、決してよいことではありません。

一方で、本当にごくたまにこう言う子がいます。

「今のは、コントロールできたよ！」

これは、あわてて余裕なくクリアしてしまった仲間に対し、「落ち着いて処理すれば、攻撃につなげられたかもしれないよ」と知らせてあげる声です。つまり、ひとつ上のレベルのプレーです。ほかに「あわてないで、つないでみよう」とかいろいろ出てくるはずです。

このような声が聞かれるチームは、以下の3つのことがなされていると推測できます。

①日頃からコーチがそのようなことを教えていること。

②コーチが教えたことが、全体に浸透していること。

③上手下手にかかわらず、できていないことを選手同士で教え合う空気があること。

このチームがどんなサッカーをしようとしているのか。どこに向かっているのかがよくわかります。

逆に「ナイスクリア！」で終わってしまうチームもよくわかります。そのようなチームに多いベンチからの声がもうひとつあります。それは、シュートが枠を大きく外れているのに「ナイス！」と言ってしまうことです。狙ったことで良しとしています。

もちろん、シュートで終わらせるのは悪いことではありません。が、2メートル以上枠を外れているなら「次は枠にいこうね」とか「あわてないで打とう！」に変わるといいなと思います。

一つひとつの仲間のプレーを、もっと細かく正確に見る。そんなところが改善されると、チーム力がより上がっていくはずです。

チームによってばらつきはあるものの、少年サッカーの指導は全体的に10年前よりよくなっているのは確かです。

なぜなら、「スペースを見つけよう！」とか「もっと広がったほうがいいよ！」などと声をかけ合う子どもが増えてきました。各自が、そのことをどこまで理解しているかは定かではありませんが、そういう声が出てくるのはとてもよいことです。サッカーへの理解が進んでいる証左に違いありません。

中学生のらせん階段で重要なものとは

少年サッカーの世界では、小学生の間は「サッカーの楽しさを味わう」ことが一番の目標に置かれています。

中学生になると、テスト（セレクション）を受けてJリーグの下部組織や、地域クラブのジュニアユースチーム、中学校のサッカー部に入ったりといくつかの道に分かれます。どこに進んでも、子どもたちの「サッカーを楽しみたい」「上達したい」「勝ちたい」と望む気持ちは共通です。小学校時代と変わりません。主体的、自発的に取り組むこともまた同じです。

では、小学生と、中学生のサッカーの違いは何か。

ひとつは「フェアプレー」のとらえ方だと考えます。

私はジェフ千葉で半年間だけジュニアユースのコーチを任されたことがあります。当時のジェフには「辰巳台（たつみだい）」と「舞浜」という2つのジュニアユースチームがあり、舞浜のセレクションに落ちた子が辰巳台に押し寄せる、そんな傾向がありました。

よって、当時の辰巳台の中学生たちは舞浜チームに対して、大なり小なり劣等感を抱えていました。その辰巳台の1年生を私は受け持っていました。

私が彼らに「舞浜と練習試合しよか？」と持ちかけると、彼らは「えーっ！」と嫌がりました。なるほど、じゃあ、やめとこか。私は無理強いはしませんでした。

とはいえ、せっかく兄弟チームがあるのだからやりましょうと言って、春休みに辰巳台の中2と対戦しました。

すると、前半5分で3失点。まったく歯が立ちません。選手は心が折れたのか、だんだんプレーしなくなりました。

「何してるの？　サッカーしようよ」

声をかけましたが、全員下を向くばかりです。

終了後、選手に話しました。

「小学生と、中学生のサッカーは違うよ。君たちはもう中学生だよ。最後まで1点返すために持っている力を出すべきじゃないの？　ファイトすべきじゃないの？」

サッカーは点が入ることもあれば、入れられることもある。点を入れられたことは悪いことじゃない。でも、ショックで何もしなくなることはフェアプレーじゃない。そんなことを話しました。

その後、レイソルの中１に０対９で惨敗したりと散々でしたが、彼らは少しずつ変わっていきました。強いチームと戦うことになっても、嫌な顔をしなくなりました。淡々と、愚直にプレーできるようになりました。

そして３か月後。１点返して大喜びする彼らの姿がありました。やっとのことで大量失点されても粘り強く戦えるチームになったのです。

中学年代で選手がいかに変わっていくかということを、周囲の大人たちが学んだと思います。

「小学生のサッカーと、中学生のサッカーは違うよ」

私が口を開いたときに、彼らが見せた引き締まった表情を今でも憶えています。

中学時代の３年間は、サッカーをやめてしまう子が多くなる時期です。高いレベルを目指していた子が少しでもつまずくと、ほかの場所で続けるのではなくサッカーごと放り出してしまいます。

中学生のらせん階段では、彼らの自尊心やプライドのありかを探してあげてください。

挫折を味わっても、サッカーを好きだという気持ちを捨てずにピッチに立ち続けてほしい。そのためにも、粘り強く戦ったあとに1点返す達成感を味わうことはとても重要です。

第

章

答えを持たない

「コーチの言う通りにしたから勝てたでしょ」

「ママの言うこと当たるでしょ？」

と言っていませんか？


答えを教えず「考える子」にしましょう。

オシムさんの「答えは持つな」

オシムさんとは3年間同じクラブにいました。私は育成や普及を担当していたので、一緒に仕事をしたわけではありません。が、グラウンドでの練習を生で見ることができたのは私の財産です。

例えば、2対2。ディフェンスがつかないフリーマンが左右にひとりずついます。フリーマンにあてて（パスしてまたすぐにもらって）もOKなルールです。ゴールはなく、フリーマンにパスを出し、ワンツーが成功したら1点になります。

あるとき、ひとりの選手がボールを持った瞬間、オシムさんがフリーマン役の選手に対して怒り出しました。

「おまえはどうしてここに行かないんだ！　目の前にスペースがあるじゃないか」

サッカーでは通常、フリーマンはその位置から動かないのが暗黙のルールです。よって、選手は「ええっ!?」と目を白黒させています。

ですが、選手の動揺などお構いなしに、オシムさんはまくしたてます。

「じゃあ、おまえは試合で自分の前にスペースがあっても行かないのか?」

選手は「い、行きます」と答えます。

「じゃあ、今のも行けよ」

その場の空気はかなりざわつきましたが、オシムさんはお構いなしです。なぜなら、練習を見ているオシムさんの頭の中には、試合の情景しか映し出されていないのですから。

2対2の決めごとでは、絶対フリーマンは動かない。日本の厳格な指導者になら、そう言われたでしょう。それなのに、選手は叱られるわけです。

ほかの練習でも、オシムさんは選手に再三「試合中はどうする?」と口酸っぱく言いました。決まりごとはどんどん破られます。実戦のイメージでサッカーをすることが求められるのです。

まだあります。サッカーの練習で4人で四角形をつくってパス回しの練習をすることがあります。4対2、4対3と、難易度が上がると守備の人数が増えます。通称「鳥かご」などと言われる練習です。

グリッド（四角形の広さ）を大まかに決めるためマーカーを四つ置いて行ったりします。グリッドが決まっているため、日本の選手はそこから出ません。

すると、オシムさんから注意を受けます。

「おまえ、どうしてそこに行かないの？　そこじゃやもらえないでしょ？」

「グリッドがあるので」と説明すると、再び怒られます。

「試合のピッチにグリッドなんてあるのか!?」

いやいや、そうしたら、なんでグリッド置いてんねん？　と選手は言いたくなりますね。見ていて、本当に面白かったです。

「日本人は、コーチが右に行けと言ったら、右に行くね。ヨーロッパの選手はわざと左に行くよ」

オシムさんはよく日本人の従順さを嘆いていました。よって一見破天荒な練習のようで、決めごとをその通りにやる欠点を修正しようとしていたのかもしれません。もしくは、「試合中はどうする？」の発想を植えつけたかったのでしょう。

修正は、コーチ陣にも及びました。

サッカーの練習時間は、ひとつのメニューの1回分のマックスが「人数の2分の1分」と決まっています。例えば「5対2」であれば、7人かかわるので、よーい開始から「3分半」になります。欧州はどこも通常、その理論で行っています。フルパワーでやるのはその時間が限界とされているわけです。

アシスタントでついていたコーチは、ドイツの名門ケルン体育大学でライセンスを取得した者など理論をきちんと身につけた面々ばかりでした。

ところが、オシムさんに「通常は」の説明が通用しません。

5対2を、オシムさんが指導するコートと、ほかのコーチが見ているほうの2コートで行っていたときのこと。

「3分半たちました。レスト（休憩）です！」

コーチが声をかけたので、選手がやめようとしたら、オシムさんが声を荒らげて言いました。

「関係ない。やれ！　試合中は3分半たっても動くときはあるぞ」

「答えを持つな」

オシムさんは選手にも、コーチにもそう伝えたかったのだと私なりに解釈していま す。トレーニングのなかで、選手の柔軟性を育てましょうという姿勢がありました。

「やり方ではなく試合を教えろ」

当初はこの「答えをもたないオシムスタイル」に、選手もスタッフもついていけませんでした。「監督はおかしいんじゃないか」とか「こんなの続かない」とブーイングの嵐でした。

そんななか、私が感心したのは、オシムさんの練習がボールを使うものばかりだったことです。ボールを動かしながら、選手たちは走力をつけました。日本でよくあるただひたすら走るような前近代的な練習ではなかったため、選手は飽きることなく意欲的にサッカーに取り組めたのでしょう。

ボールと一緒にヘロヘロになっても走り続ける彼らに、「苦しくなってから選ぶプレーがある」とオシムさんは言いました。自分たちが苦しいなら、ついてくる相手も苦しい。相手より走れたら、苦しいときに相手よりも上のプレーができたら、勝てるわけです。

それが当時のジェフの姿です。ナビスコ杯を制し、リーグ戦でも他チームに常に恐れられていました。ジェフの選手が走るから、相手も走らざるを得ない。見ていてどの試合もとても面白かったです。

また、スタッフが練習を見学しながらメモを取ろうとすると「そんなもの書かなくていいから、しっかり見ておけ」とギロリとにらまれました。練習後、すぐにクラブハウスに戻って、メニューの内容をパソコンに入力しようとすると「やらなくていい。すべてここにある」と自分の頭を指します。

コーチ陣が「事前の準備もあるので練習メニューを教えてください」と願い出ると、「グラウンドに出ないと、選手が何人かもわからない。ケガや病欠もあるだろう。雨が降ってきたら変更しなくちゃいけない」と言って教えてくれません。

「決めつけちゃいけない。サッカーもそうだろ。相手がいるんだから」

よって、オシムさんの練習は、非公開が一切ありませんでした。

「練習を見られても、試合の日は違う。うちの選手たちは同じようにはしないよ」

そんな自信にあふれていました。相手チームのビデオを見てのスカウティングや分析も、あまりしなかったと記憶しています。

「相手の特徴を丸裸にして選手に伝えると、対応力がつかない」

オシムさんはそう考えていたのだと思います。

「試合の最初の5分で相手のやり方や特徴を見破りなさい」

そう話しました。もっといえば、その日の審判の笛（ジャッジ）の甘い、からいも見極めることを要求していました。

オシムさんの著書『急いてはいけない　加速する時代の「知性」とは』のなかに、「選手たちにはサプライズが必要だ」という言葉がありました。

急に練習場所を変えたり、開始時間を変えたりもしょっちゅうでした。24時間、選手やスタッフを試し続けている。そうやって「考える力をつけろ」と伝えているのだと思いました。

コーチやスタッフでオシムさんを囲み指導論を直接聞くことができました。

ある日のこと。私がブラジル人コーチのジョゼ氏とグラウンドで立ち話をしていたら、そこにオシムさんがのっそりとやってきました。背後には通訳を兼ねていた日本人コーチがいます。

「何をしてるのか?」

私は「小学生にどんな練習をさせたらいいのかなと考えてます。どんなことを教えたらいいですか?」と尋ねました。

いつものように即答でした。

「サッカーのやり方を教えるのではなく、試合することを教えなさい」

まさしく、祖母井さんが言った「大人は消えろ」の視点でした。試合は子どもだけでやるから、大人は審判以外は登場しません。

私がうなずくと、こう付け加えました。

「子どもたちは戦術とかそんなことではなくて、試合から学べることがたくさんある。日本人は練習好きだが、もっと試合をしたほうがいい。それと、できるだけ若いときから、2対1や3対2などの数的優位の練習をたくさんさせたほうがいい」

帰り際、手を振りウインクしながら言いました。

「とにかく、試合をさせろよ」

要するに、試合を通して基本技術を身につけさせたほうがよいと言いたかったのでしょう。日本人が子どもを指導する際「まず基本技術を習得させないと話にならない」と言って、なかなか試合をさせない現実をオシムさんは知っていたのです。

私はそれ以来、子どもの練習は一番最初にミニゲームをさせています。未就学の子どもでも、数的優位の練習をやらせるようにしました。

オシムさん

ドイツが世界一を奪還できた理由

一時低迷していたドイツが２０１４年のワールドカップ（Ｗ杯）で優勝しました。

「ドイツはどうやって復活したのだろうか」

王国復活の背景を知りたいと思っていたら、その翌年にドイツへ研修に派遣されるチャンスに恵まれました。

１９９０年代に世界の頂点に君臨したドイツでしたが、２０００年の欧州選手権（通称ＥＵＲＯ。４年に一度Ｗ杯の中間年に開かれる欧州ナンバーワン国を決める大会）で惨敗。ドイツサッカー協会はすぐに低迷した理由を分析したそうです。

その結果、「洗い直すべきは育成。子どもの育て方だ」という結論に達しました。

あの王国が自分たちのサッカーを省みた結果、メスト・エジルや、マリオ・ゲッツエ、トーマス・ミュラー、トニ・クロースといった真のクリエイティブな選手が輩出されるようになりました。２０１４年Ｗ杯ブラジル大会には、エジルら１９８８年以降生まれの選手が23人中14人もいました。

私が訪ねたレバークーゼンのコーチは言いました。

「子どもに必要なのは試合だ。たくさん実戦経験を積ませたほうがいい」

ああ、オシムさんの言った通りだ。

私のなかで、2003年にジェフが当時練習場にしていた市原姉崎グラウンドの隅で聞いた言葉が蘇ってきました。

「とにかく、試合させろよ」

ドイツが低迷脱出を果たした道のりは、現地で長年サッカーコーチとして育成年代を指導する中野吉之伴（きちのすけ）さんが著した『世界王者ドイツの育成メソッドに学ぶ　サッカー年代別トレーニングの教科書』に詳しく書かれています。

育成方法の見直しを決めたドイツサッカー協会は、「クリエイティブな選手」を大目標に定めました。

はたと気づけば「クリエイティブ風な選手」は育っている。けれども、彼らは本当に創造性豊かなのか？　コーチから「こういうときはこうだろう」と、実はたくさんのアドバイスを受け、その通りにプレーしていないか？

「自分で考えろ」とコーチから言われ、考えているように見えるけれど、最終的に大人の意見に迎合していないか？

そのように王国のプライドを捨て、自分たちが作り上げてきたサッカーの間違いを受容することで、真実の姿をあぶり出していったのかもしれません。

・実は、その場に合わせて自由に変化できる選手ではなかった。
・結局は、コーチが用意している答え通りに動いていた。
・本当の創造性は身についていなかった。

このような点を改善するためには、何をすればいいのか。

「小さいときからミニゲームで育てよう。子どもたちの感覚と自由を尊重する環境のなかで、初めてクリエイティブになる」

ドイツはここで、「大人が姿を消す」結論にたどり着いたのです。

ドイツでは、育成改革の過程でさまざまなことが議論されたようです。

例えば、「個を育てる」にはどうすればよいか？

これは以前、ケルン体育大学で学んできたコーチに聞いた話です。

「個を育てるためにと、個人練習をたくさんすると、実は危険なことがたくさん起きる」

それは何かといえば、個人練習に時間を費やし過ぎると「他者を感じられない」選手になると言います。チームで試合をしたときに、味方が次にどうしたいか、どんなことをすべきか。そんなことを感じられなくなる。感じられなくなるというよりも、他者を感じる訓練ができないといったほうが正確かもしれません。

よって、ドイツはさまざまな研究やデータ分析の結果、ミニゲームを中心に、常に全員で、もしくはグループで行うメニューに切り替えました。

これは非常にドイツ人らしい改革の仕方だと感心させられました。つまり、大衆的な感覚で判断したり、地位の高い人間の意見を優先するのではなく、「根拠（エビデンス）のあることを遂行する」わけです。

この「ミニゲームを中心に、常に全員で、もしくはグループで行う」やり方は、サッカーのみならず、バスケットボール、ラグビーと、現在日本にプロリーグがあるボールゲームの関係者に、ぜひ参考にしてほしいものです。


ドイツの育成改革のプロセスにおけるさまざまなことで、私が衝撃を受けた事柄が3つあります。

1つ目は、自分たちの間違いを受容した謙虚さと冷静さ。

あれだけの国が、「クリエイティブ風な選手」はいるが本当の創造性は育っていないと、考え直した事実に驚かされました。

2つ目は、根拠のあることを遂行する価値観。

そして3つ目は、それを全国の指導者たちがきちんと共有できたことです。

ドイツほどの国が、子どものサッカーを考え直した。彼らだからこそやれたともいえます。世界一にまた返り咲きたいという思い。それは、ドイツのすべての人の悲願だったのですから。

「前に行こうとする気持ち」を削らない

日本の子どもたちにも、もっと試合をさせてほしいと思います。

子どもは本来、どんどん前に行きたい。シュートを打ちたいはずです。その気持ちを削らないようにしつつ「でも、パスすると、もっとよくなるよ」ということを理解させてください。

「そこ、無理しない！」「強引に行くな！」「もっと回してじっくり行こう」

ジュニアの試合を見ていると、大人が戦況を読みながらさまざま指示をします。ほとんどの場合、前に行こうとする気持ちを削っています。

それとは逆に「おーい。それじゃあ、全然前に行ってないよ～」とか「攻撃するのはどこ？　ゴール見てる？」といった声はあまり聞きません。

子どもなのだから、もっと失敗するべきです。

試合の終盤。しんどくなったけど、負けているから前に行った。チャレンジしたけど、結局ミスして、カウンター食らって負けた。それでいいのです。

大人はよく「勝たせてやりたい」「勝つ喜びを味わわせたい」と言います。苦楽をともにしている子どもたちの喜ぶ顔が見たいのは当然です。でも、よく考えると、勝って喜んだら、それで終わりじゃないですか？

逆に、負けると悔しい。そして、悔しさは長く残ります。

「今度勝つためにはどうしたらいい？」

子どもたちに問いかけてください。課題がたくさん出てくるはずです。つまり、負けたときのほうが、学ぶものは多いのです。

「でも、負けてばかりだと、モチベーションが落ちますよね」

コーチのみなさんの言うこともわかります。だからこそ、コーチがゲームのコントロールをするわけです。公式戦では無理だけど、練習試合でちょっと力の落ちる相手と組んであげます。子どもはすぐに自信を取り戻すし、またサッカーが楽しくなって「もっとうまくなろう」「もっと強くなろう」と前向きに取り組みます。

明らかに実力差のあるチームに大敗したあと、「おまえら、悔しくないのか！」と怒っているコーチがいます。このような激情型の指導者は、勝つと「コーチの言う通りにしたから勝てたでしょ」と自分の力を誇示します。

自分たちのコーチがどんな人か。

それを誰よりも知っているのは、子どもたちです。どうか「裸の王様」にならないよう気をつけてください。現実をしっかり見て、ごまかさずに子どもと向き合ってください。

指導は「生き方」である

ところで、スポーツは「性格」が出るといわれます。パスやプレーの選択が攻撃的で大胆な子どももいれば、守備的で慎重な子もいます。これはそのプレーヤーの性格というか「生き方」だと考えます。

性格が攻撃的な子は、選択が常に「前」です。パスもドリブルも、よりゴールに近いほうへ向かいます。

いつも慎重でいたい子のパスの選択肢は「横」。まだあります。いつもおどおどしてミスが怖い子は「後ろ」です。

その子たちをどうするか。彼らを上達させるためにどう動くかも、指導者の「生き方」になります。

「どんと行け。失敗してもいいぞ。思い切ってプレーしろよ」

そう言えるかどうかは、私たち指導者の生き方の問題だと思います。

「コーチ、僕はこっちに行くよ。自分で考えて、このプレーを選ぶよ」

子どもがそう言えば「OK。わかった。いいよ。ただ、その選択をする前に、逆サイドは見てた?」と言うだけです。

そして、それが認められる時期は17歳くらいまで。それ以上はプロになる年齢になるため、所属するチームの監督の「生き方」に染まらないといけません。それができないと、選手として苦しくなります。

よって、どんな監督にもついていける、対応できる選手に育てなくてはいけません。確実に、プレーできる。安全なプレーも選べる。でも、攻撃的にもなれるし、リスクも負える。そういう幅のある選手を育てるのが育成コーチの役目になります。

ここまで話したように、私たち指導者が答えを持たないほうが、子どもの考える力を伸ばすことができます。答えを持つと子どもは寄ってきますが、持たなければ「教えてくれないんだな」と気づき離れていきます。そして、自分で考え始めます。

つまりこの距離の取り方は「考えさせる技術」のようなものです。この技術を磨きながら、ご自分の「生き方」を見定めてください。

第5章

他者を感じさせる

仲間の動きに合わせて動ける子が、
減っていませんか?

「社会で通用するコミュニケーション能力」を育てましょう。

他者を感じる力が弱い子どもたち

よく講演をさせていただくのですが、通常は主にサッカークラブからオファーを受けます。ほかのスポーツでは、２０１７年1月に全日本野球協会（ＢＦＪ）が主催する指導者講習会で講義をしたくらいです。

そんな私が先日、ミニバスケットボールクラブからお誘いを受けました。初めての講習会は、とても興味深いものになりました。

「２人で手をつないでドリブルしてごらん」

手つなぎサッカーならぬ、手つなぎバスケットです。

手をつないでいるため、１人は右手で、もう1人は左手でボールを扱います。片方がずっとボールを保持せずに交換しながら前進するのがルールです。そうすると、失敗しないよう慎重に行うためドリブルのスピードが上がりません。

「もっと全速力でやってほしいなあ」

声をかけると、子どもたちから「難しい！」とか「ダメだあ」という声が上がります。

「次はふたりでボールを運んでシュートしよう」

すると、どの２人組も、うまい子のほうが最後にシュートをします。

「そうじゃなくて、シュートもふたりでやるんだよ」

ええーっ、どうやって？　そんなのできない！　いろんな声があったので、まずは子どもたちを集合させ「２つの手を添えてシュートをするにはどうすればよいかを考えてね」と説明しました。片方が手のひらにボールをのせて、片方が横から手を添える。そんなやり方です。

子どもたちは遊びだということをきちんと理解し「こんなの普通やらないでしょ」といったことは言わずに、どの組が先にゴールを決めるかに熱中していました。

ひとしきりやってから「どうでしたか？」と尋ねると、「息を合わせるのが難しかった」と口々に言います。

「では、どうすれば、協力して２人でシュートできますか？」

聞くと、子どもたちは、きちんと正解が言えます。

「相手のことを考えてやる」

「声を出して、タイミングを合わせる」

口から出てくる答えは100点なのですが、やってみるとまったくできません。

手つなぎバスケも、手つなぎサッカーも、やらせてみるとまったく同じことが起こります。お互いに、お互いの意思を感じようとしません。

例えば、上手な子のペースに、そうではない子が懸命に合わせようとついていく。でも、技術の差が埋まらないためうまくいかない。もしくは、技術の低い子に合わせて、うまい子がゆっくりやろうとします。でも、いずれも、合わせてもらっているほうが自分本位でやるため成功しないのです。

「いかがですか？　子どもたち、みんな自分本位に動きますよね。チームワークを大事にとか、協力してやろうと言っても、お互いの考えることを知ろうとしなければ何も成立しませんよね？」

コートの外で見ている指導者や保護者に声をかけたら、みなさんうなずいていました。

ずっと以前から、日本の子どもや若者のコミュニケーション能力の低下が叫ばれています。

つまり、他者を感じる力が非常に低い。

そのことに気づいている保護者のなかには「サッカーのような集団スポーツで人とかかわってほしい」と考えている人もいます。

それなのに、ミニバスケットのドリブル、少年サッカーのリフティングなど、練習メニューにひとりでやるものが多いです。バスケットのドリブルも、サッカーのリフティングも二人以上でやるような工夫はいくらでもできるはずですが、多くの人たちが過去の練習方法をそのまま踏襲しているようです。

前章で伝えたドイツの育成改革は、ミニゲームを中心に、常に全員で、もしくはグループで行うメニューに切り替えました。

個人練習に時間を費やし過ぎると「他者を感じられない」選手になるリスクが高いからです。味方が次にどうしたいか、自分はチームのためにどう動いたらよいか。そんなことを敏感に感じ取る訓練ができません。

ドイツがそこに着目したということは、他者を感じられないという課題はサッカーの先進国でさえ抱えていたということでしょう。

「わが子」主義の弊害

子どもを取り巻く環境がすべて個人主義になっているように見えます。例えば、学校でいじめが発覚して先生が指導に入る際、被害者も、加害者も、個別に対応されます。

コーチのほうは自分のチームでいじめを見つけたら、どんな対応をしていますか？いじめた子を叱って、相手に謝らせて終わりにしていませんか？

私は、自分が指導するチームにいじめを見つけたら、なるべく全員の問題にします。

「君たちのチームでこんなことがありました。どうしますか？」

問いかけると、多くの場合「僕はやってない」「僕は知らない」と口々に言い始めます。

「犯人捜しをしているわけじゃないよ。誰々がやったんじゃないか、とか、そんなことを聞き出したいわけじゃない。みんな同じチームにいて、少しくらいは（いじめがあると）感じていたはずだよ。見て見ぬふりをしていなかったかな？　どうして注意しなかったのかな？」

同時に、保護者にも知らせます。

「うちの子はやってないよね」で終わらせるのではなく、いじめに気づいたら、「やめろよ！」と言える子になってと伝えてほしい――そんな話をします。

周りの子が他者の痛みを感じ、自発的に注意するようになる。

そうやって仲間に支えてもらった子が、今度は「やめて」と言い返せるようになる。

そして、いじめた子は自分の非を認め、変わっていく。
それぞれに学びがもたらされるわけです。そうなると「子どものいじめ」は、決してマイナス面だけではなくなります。いじめやけんかなど、いろいろな軋轢（あつれき）があって子どもも成長するわけです。

ところが残念なことに、ほとんどの場合そうはなりません。いじめられて不登校になったり、中学生以上で深刻なケースになると子どもがいじめを苦に自ら命を絶ってしまいます。

親は「わが子だけ」に注視する傾向が強いです。そのためか、子どもたちも自分だけ見ていてほしい。少子化や核家族化が進む社会で育つため、祖父母や親の期待の大きさも知っています。

よって「僕はサッカーがうまくなりたい！」と願っているけれど、「チームを強くしたい」とは思えません。「チームで勝ちたい」という欲求よりも、上のカテゴリーやトレセン（地域ごとに優秀と思われる選手を選抜しトレーニングを実施する強化システム）に選ばれることへの興味のほうが上回ります。

そういう子は、親も同じスタンス。チームの試合や練習よりも、わが子が申し込んだ有名チームの強化合宿などの参加を優先させたりします。チームよりも個人の利益を優先する価値観は、子どもの世界でもやはり嫌われます。

エース級の子がほかの子とうまくいかないケースはよく聞きます。実は親が子どものいじめの種をまいている場合も少なくありません。

今の子は、友達に嫌なことを言われたら言い返すことができません。ほかの子に応援を求める。先生に助けを求める。そういったことができません。いじめられた子はじっと黙っています。教員の皆さんには申し訳ないのですが、そんな子たちは「先生に言っても仕方ない」と言います。

「何かあったら言いなさい」と先生は言いますが、いつもガミガミ怒って「こらーっ！」と叫んでいる先生に対し、子どもたちは自分から話を切り出す隙間を見つけられないのです。

授業で「6人組」をつくれない大学生

10年前から勝利至上主義はよくないことを伝えてきました。これを受けて保護者が「池上さんがいうように、試合では全員同じ時間出場させてほしい」と頼んだそうです。

すると、わが子がレギュラーで常にフル出場している保護者が、反対したそうです。

「そうなると負ける可能性が高い。勝ちたくて頑張っているうちの子の気持ちはどうなるのか?」

このように「全国大会に出るために絶対勝とう!」といった成果を第一に考えているチームが、当時は多数派だったと思います。試合に出られない子どもの気持ちを考えようといった意識は、親にも子にも薄かったかもしれません。

レギュラーの息子をもつお母さんに対する意見を求められたので、こう答えました。

「子どもが勝ちたいのは当然のこと。だからこそ、大人は子どもに何をしてでも勝つというのは少し違うことや、勝つこと以外の価値観を伝えてほしい。自分だけプレーして勝って、全員がうれしいと思う？　と問いかけてほしい」

当時小学生だった子どもの多くが今、大学生や社会人になりました。彼らは、どんな青年になっているでしょうか。


まだ京都サンガの普及部長だったころ、ある大学で授業をしたことがあります。テーマは「運動部活動の指導実践」。スポーツ庁の意向もあって、教員を目指す大学生に向けて暴力根絶の必要性を伝える授業を、という依頼でした。

授業のやり方はアクティブ・ラーニング（ＡＬ、主体的・対話的で深い学び）。学生たちが自分たちで話し合うもので、私の講義を学生が聴いてメモを取るといった通常の方法ではありません。ＡＬは、試験的に実施する小学校も増えてきているようです。


さて、授業の様子をお話ししましょう。

「部活に入部する際の手続きの方法はどうでしたか？」

「教えてもらった部活顧問の指導をどう思いましたか？」

そのような部活動に関する質問を4つ、順番に話し合っていきます。

大学の講義室なので、教壇に向かって固定された3人がけのテーブルが4列で並んでいます。

「前後3人で6人組のグループをつくってください。後ろを向く人たちは大変だろうけど、話し合ってくださいね」

まず1問目。6人になって発表できたグループは一つだけでした。課題を話し合って発表する以前の問題で、6人組になれないのです。

本来なら「6人組をつくって」としか言わないのですが、（もしかしたらできないかも）と思ったので「後ろを向く人たちは大変だろうけど」とわざわざ付け加えています。

事態を察知した大学院生が、講義室のなかを走りまわっています。

「はい、ここところのテーブルで6人ね」

「君、ひとつ前に来てくれる？　はい、これで6人ね」

小学生ではありません。全員大学２年生。20歳の成人もいます。

２問目の発表で、３つか４つのグループが形成されました。

３問目に移る前で、初めて私は６人組をつくれない件について言及しました。

「君たち、全員スポーツしてるよね？　これが理解できないようでは、きっとうまくはならないよね？　こんなことすぐに理解してできて当たり前だけど、１テーブル３人だよね？　後ろを向けば６人になるよね？」

６人組にならない学生たちは、授業と関係ないおしゃべりをしていて何もしていません。

「寝ている子もいるよね？　同じ仲間なんだから、起きたら？　って誘ってあげたら？」

小さな笑いは起きましたが、つっぷして寝ている子はそのままでした。

４問目で、６人組はようやく増えました。

「みなさん、教えてもらった部活顧問の指導をどう思いましたか？　最後に、誰か自分の感想を言ってくれるかな？」

"ひとり"な環境

まったく手が挙がりません。数秒待ったら、女子学生がひとりだけ「はい」と手を挙げてくれました。

いかがでしょうか。学生たちは驚くほど他人に無関心です。仲間であっても、かかわろうとしません。何かしらのおぜん立てがあれば、協力し合えるかもしれません。でも、自然に自分から動いてかかわっていく意識は希薄なようです。

この大学が特殊なわけでもありません。私が千葉に住んでいたときも首都圏のいくつかの大学で講義をしたときも同じ状況でした。

今の学生といえば、ボランティアを積極的に行ったり、地震などの災害があれば支援に駆けつける姿も見られます。

その一方で、みんなでともに学ぶとか、何かに取り組むことが苦手です。先ほど「何かしらのおぜん立てがあれば」と言いましたが、君はこのグループでこれをやってくださいという事前の「枠組み」があればやれる。でも、それがなければ、他者と交われないのかもしれません。

⚽全国大会を目指さないクラブが増えてきた

10年前は「全国大会に出るために絶対勝とう！」といった成果を第一に考えているチームが多数派でした。

ところが、ここ数年で少しずつ少数派が増えてきたようです。講演や講習会などに行った先で「日本サッカー協会にはチーム登録していません」と話す指導者が増えてきました。

協会に登録しないとどうなるか。全国大会の地域予選に出場できません。よって、全国大会を目指すのではなく、地域のリーグ戦や同じ志を持つ仲間と交流し試合を組む。そのようにして、子どもにサッカーの楽しさを伝えているそうです。

「子ども全員にプレーさせたい」
「チーム全体の底上げを目指したい」
「勝利よりも、子どもひとり一人の個性を伸ばすことに集中したい」

協会登録しない指導者はそのように考えているようです。彼らのなかには「全国大会は少年サッカーに必要ではない」と語る人が多いことも確かです。

ジュニアの全国大会を実施しているのは東アジアの日本や韓国くらいです。ブラジルは一時開催した時期もありますが、クリエイティブな選手が生まれなかったためすぐに中止してしまいました。欧州も地域でのリーグ戦が主体で、トーナメント方式の全国大会は開催しません。

もちろん、登録しているクラブの人たちのなかにも、全体の底上げや個性を伸ばすことに重点を置いている人はたくさんいます。ただ「全国大会がないと、自分のモチベーションが上がらない」と話す人が多いのも事実です。

「子どものモチベーションも上がらないのではないか」とおっしゃる人もいますが、子どもは大人が何も言わなければ、目の前の試合に勝つことに集中します。

前出のミニバスケットクラブの講習会には、その県のミニバスケット連盟の会長さんもいらっしゃいました。指導者や保護者との勉強会、質疑応答で会長さんが質問されました。

「少年スポーツの育成で、日本と欧州の違いは何でしょうか?」

さまざまありますが、私はひとつだけ話しました。

「日本は大人が大会で勝つことばかりに集中しています。欧州の子どももちろん勝ちたいと思ってスポーツに取り組みますが、目の前の試合に集中します。大会に優勝しようとかが目標ではありません」

ミニバスケットも全国大会を目指すあまりに、コーチがヒートアップしてしまい、子どもたちに厳しくし過ぎたり、教え過ぎるリスクがあるようです。


その一方で、私を講師に招いてくれたミニバスケットクラブは、1年生から6年生まで二十数人がみんなでかかわり合いながら楽しくプレーしていました。

コーチは誰ひとり怒鳴らず、子どもたちを虐げたりしません。練習メニューを自分たちで考えさせたり、試合前にどう戦うかを話し合わせたりと、主体性や選手同士のかかわりを大切にしている様子がうかがえました。

このように、少年サッカーでも、ミニバスケットでも、指導の仕方やクラブのありようが確実に二極化しているようです。

「自分だけ楽しければいいの？」

では、他者を感じられる子どもに育てるには、どうしたらいいでしょうか。

今の子どもたちは、ゴールしたらひとりで喜ぶだけで仲間のところに行かなかったりします。ほかの子も近づいてハイタッチをして喜び合ったりしません。

プレー中も、自分がやりたいこと、例えばドリブル突破しかしない。仲間のカバーに走ったり、ほかの子に点を取らせようと動きを工夫する。そういったチームプレーができません。


スマホ時代の子どもたちは、自分ひとりだけで遊ぶ環境が用意されています。塾や習い事をする子どもが増えたため、「放課後に友達と遊ばせたくても、公園に誰もいない」という親たちの声も聞かれます。そのうえ、家族の団らんが減って、子どもがひとりで食事をする「孤食・個食」が問題視されて久しい。子どもの生活を切り取ると「ひとり」の環境が、実はとても多いことに気づかされます。

そんな子どもたちの視野を広げるためには、サッカーでは「自分だけ楽しかったらいいの?」「ほかの人は楽しんでると思う?」と問いかけてください。

お題目のように「チームプレーをしましょう」と呼びかけるよりも、表現がより具体的です。

「君は楽しいかもしれない。けれども、周りをよく見てごらん。君の仲間は楽しめているかな?」

問いかけると、「みんなはどうなんだろう?」と子どもは考え始めます。周囲の反応を見て、自分の姿を考え直すきっかけになる。小学生から中学生になる間に身につけたい「非認知能力」を磨くきっかけにもなります。

意欲など「学びに向かう力」といわれる非認知能力のひとつが、この章のテーマであるコミュニケーション能力です。この力は、大人が子どもから離れ、彼らだけの世界をつくってあげることで初めて伸ばせます。なぜなら、いつも世話を焼いてくれる大人の不在は、彼らにとって「困った状況」です。野外活動など不便な空間が子どものライフスキルを伸ばすのと同じように、ソーシャルスキルが磨かれるわけです

少子化で兄弟姉妹の数が減り、家庭で切磋琢磨する場面が減っています。学校へ行けばクラスは1つか2つという小規模校は少なくありません。だからこそ、保護者や教師、サッカーコーチも、なるべく子どもたちから離れて自分たちで何かに取り組む場面をたくさんつくってあげてください。

このことを踏まえ、スポーツの練習も、なるべく複数でやるメニューを用意してあげてください。サッカー王国に復活させたドイツが実践したように、どんどんミニゲームをやってください。他者とかかわる場面を増やすのです。

例えば、ひとりでやることが多いリフティングの練習も、工夫次第で仲間とやれます。２人組でボールを交換しながらやります。

先日、対照的な指導をする2つのスクールを、同時に見る機会がありました。ひとつのクラブは日本人コーチ。ひとりでドリブルしてシュートというメニューを繰り返していました。

「ナイス！」

シュートが決まると、コーチは親指を立ててほめます。よくある光景です。

片方のクラブはスペイン人コーチが教えていました。左右両側から、子どもがよーいどんでドリブル。真ん中で互いのボールを交換してシュート、というメニューでした。他者とのかかわりがあります。ほかのメニューもすべて誰かとやる。ひとりでやるメニューはひとつもありませんでした。

いかがでしょうか。

ふたつのクラブには、実は大きな違いがあります。他者とのかかわりを重視しているということは、恐らく育成の本質をコーチが理解しているクラブです。重視していないということは……。

それぞれのクラブで子どもたちが6年間という長い年月を積み重ねると、どんなふうな違いが生じるのか。

みなさんはどう思われますか？

私には予想できます。

第6章 選ばせる

「絶対にできる!」「頑張って10回!」
つい断言していませんか?

やる・やらない。大人が決めるのはやめましょう。

⚽指示しない・断定しない・問いかける

小学校で1～2年生の低学年を指導したときのことです。

「はい、ボールを上に投げて、その間に手を何回たたけるか、やってみよう！」

みんな小さな手でサッカーボールを持って、放り投げます。ところが、空に向かってボールを力いっぱい放り投げた子は、パン、パン、パンとたくさん手はたたけるけれど落ちてきたボールをキャッチできません。

「ああっ、ボール取れない！」と叫んでいます。ボールが高く上がったぶん、落ちてくるスピードも速いから取りづらいのです。

堅実派は、ふわっと小さく投げて、パンっと1回だけ手をたたきます。でも、「うーん。1回しかできない」と首をかしげています。

ひとりの男の子は、手をたたけないし、ボールもキャッチできません。ボールを放り上げる加減がわからないようです。

「ボク、できないんだ～」と困っていたので、その子のもとに駆け寄って話しかけました。

「じゃあ、これはどう？　ちょっとだけ投げてみたら？」

私はほんの少しだけボールを上に投げ上げて取る、という動作を見せました。

すると、最初は低過ぎたり、高過ぎたりしましたが、そのうち手をたたいてキャッチできるようになりました。

「ＯＫ！　できるじゃん」

１回たたくのが、できました。

「大丈夫だよ。できなくないよね？　続けたら、もっとできるようになるんじゃない？」

つまずいているところがどこかを大人が見極めてあげて「どうしたら克服できるか」というアイデアを授ける。できれば、間違いなく子どもはうれしくなって、どんどんやり始めます。

そのあとに「でも、ボクは、ほかの子みたいに10回なんてたたけない」と、よりできる子と自分を比べる場合もあります。

そんなときは、こう言ってあげてください。

「そうだね。すぐに10回はできないかもね。でもさ、ほかの子もみんな、何回もやったからできたんじゃないかな？　君もたくさんやってみたら？」

いかがでしょうか。私は、一度も子どもに指示をしていません。しかも、言葉の語尾には、ほとんどの場合「？（ハテナ）」がつきます。ハテナがつかない場合も「10回はできないかもね」などと、断定しません。

「できるか、できないか」「やるか、やらないか」

それらは、すべて君に委ねられていますよ。すべてを不確かなものとして、この大人はとらえてますよ――というメッセージを目の前の子どもに伝えています。

不確かなものは、裏を返せば「自由」です。やるもやらないも、できるかどうかも、すべて君が決めることだよ。言葉は柔らかいけれど、実は強いメッセージなのです。

逆に「絶対にできる！」とか、「頑張って10回やろう」といった強い言葉を、大人は気軽に言っていないでしょうか。

それができるなんて、なんの根拠もないはずです。

ただし、私は「大丈夫」と言っています。でもそれは「できても、できなくても、なんにも心配ないよ」というメッセージです。

そう話すと、多くの人が「でも、そんなふうに甘やかすと、何かやってもすぐにあきらめる子どもになりませんか?」と心配そうに話します。

そこが、私の考え方との大きな違いかもしれません。

「できても、できなくても、なんにも心配ないよ」は、先ほど話したように「できるか・できないか、やるか・やらないかは、君が選ぶことだ」という強いメッセージになります。まったく甘やかしていません。

君が選びなさい。今日もし挑戦できなかったら、次はどうかな? その次はどうだろうか。このようにして選ばせ続けることが、自分で考え自立できる子どもを育てます。

子どもを甘やかす行為があるとすれば、それは干渉し続けることにほかなりません。

「この子はひとりでは何も考えられないから、こちらで道をつけてあげないとダメなんです」
「注意してみてあげないと、自分でできる子じゃないので」
そうすると、永遠に子どもは自立できません。子どもに良かれと思ってやっている
ことが、実はその子のためにはなっていない。子どもと離れられないようです。

このやり方で、冒頭のボール投げを教えたら、恐らくこんな感じでしょうか。
「ほかの子だって練習したからできるようになったんだ。だから、君もたくさん練習
しなさい！」
指導者や親御さんたちは、何かできるようになったら、次々と上のハードルを用意
します。それ以上やらせたい。子どものときに、難なくハードルを越えてきた大人ほ
ど「もっとできるはず！」と思い込みます。「私は立ち向かったのに」と、消極的な
子どもを情けなく感じたりします。
でも、そこは子どもの判断です。やり方を教えてあげた。できる体験をしてみた。
そのあとそれ以上やるのは、あくまでも子どもの判断に任せたほうがいいのです。

大丈夫だよ
できなくないよな？
続けたら
もっとできるように
なるんじゃない？
？
？

OKをもらえた子に自己肯定感が育つ

京都サンガで「つながり隊」という巡回指導をしていたときのこと。町クラブのコーチが3人、私の指導を見学に来ました。

ひとりのコーチが悩みを打ち明けました。

「子どもに、どこまでアドバイスすればいいのか悩んでいます。教え過ぎてもいけないし、どこまで教えたらいいのか……」

彼の言う「どこまで」は、手とり足とりする深さや細やかさでしょう。そこで私の考えを伝えました。

「アドバイスって、コーチの答えですよね。これはこうやったらできるよね、というのがアドバイス。でも、例えば私の指導は、答えを持っていない。正解を伝えるわけではありません」

例えば、サッカーの練習で、最初にボールをキャッチするメニューをやったとします。すると、ひとりの子ができないのを発見します。そうすると、その子に付き添ってキャッチする方法を教えるのではなく、こう言います。

「手を使うのは難しかったかな？　じゃあ、次は足でドリブルしてみようか」

その子にとっては新たなメニュー。新しい体験です。

その次は「シュートしてみようか」と言ってやらせます。そこでも違う体験をさせます。

子どもによって、ドリブルがうまい子、キックがうまい子、得意なことはさまざまです。そこで初めて、それぞれのステージでその子の個性が見えてきます。

次は、見えてきた一人ひとりの個性に、どう声をかけるかを考えてみます。

「君、ドリブル凄くうまいね。でも、さっきボールのキャッチができなかったよね。どう？　やってみる？」

「お、シュート凄いね。ナイスキック！　でも、さっきのドリブル、うまくいかなかったね。どう？　もう一度やってみようか」

サッカー指導でも、子育てでも、その子に何ができて、何ができないか。それが見えてから、初めて出せる言葉があると思います。

それぞれの良かったところを「ＯＫ」だと認められ、別の課題を提示されると、子どもは「えーっ、ドリブルは難しいんだよねぇ」と言いながら、自発的に挑戦します。

このように、命令されたからではなく自分の意思で取り組んだことにＯＫをもらうと、子どもは大きな自信を得ることができます。

「ボク、うまくなったかも。頑張ればもっとできる」とまたたく間に自己肯定感をアップさせるのです。

第

章

質問を変える

それは子どもが
「自分で考えて選んだ答え」でしょうか？

「すとんと落ちる」まで対話しましょう。

⚽「言わなきゃ」ではなく「聴かなきゃ」

子どもは成長する過程で、さまざまな大人と過ごします。家庭でのお母さんやお父さん、少年サッカーの指導者、小学校の先生、塾や習い事の先生と、さまざまです。

そんなみなさんと講演会などでお会いしたとき、よく話題になるのが子どものコミュニケーション能力不足の問題です。

「最近の子は他人とうまくかかわれないんです」

「自己主張しないんですよね」

「自分の意志や気持ちを伝えられません」

みなさん困った顔でおっしゃいます。

「池上さん、どうしたらいいでしょうか?」

尋ねられたら、だいたいこう言います。

「大人が変わらないとダメですよね。まずいのは大人の接し方なので」

みなさん、ますます困った顔になります。

大人の何がまずいのか。

それは、子どもの話を聴かないところです。

お父さん、お母さんも、サッカーのコーチも、先生たちも、子どもに自分の言いたいことを伝えるばかりで、彼らに話をさせていないように見えます。

「だから、言ったでしょ。○○すればいいのよ」「できないのは、あなたが××だからでしょ？　△△しなさい！」

いかがでしょうか。子どもとのやりとりをみていると、多くが指示やアドバイスになっています。「会話」や「対話」になっていないのです。

本来なら、○○や××、△△の部分を、子ども自身に考えさせなくてはいけません。それをしないため、子どもは自己主張したり、自分の意思や気持ちを伝えたり、コミュニケーション能力を磨く「機会」を獲得できないのです。

では、解決するためには大人に何が必要か？

「問いかける」ことです。質問することで考えさせます。

少年サッカーのコーチをしている大学生から質問を受けたことがあります。

「池上さん、子どもに問いかけて返事がないときはどうしたらいいのでしょうか？ほかのコーチからは、そんなことしてたら日が暮れるぞとか、教えたほうが手っ取り早いと言われるんです」

私は「質問を変えてみてください」と即答しました。

つまり「どう思う？」といった質問で、子どもが迷っているときは「例えば、〇〇と××、もしくは△△ではどっちがいいかな？」などと、三者択一や二者択一で選ばせるところから始めてもよいでしょう。

もちろん子どもにもよりますが、彼らはおしなべてあまり質問されることなく育っています。少しずつやっていけばよいのです。

覚えておいてほしいのは、コミュニケーションがうまくとれないのは、彼らのせいではないということ。

「なぜ答えられないのか」をその都度探ってください。質問に答えられないのは、サッカーの理解度が深まっていないからなのかもしれない。もしくは、意見はもっていてもシャイだったり、人見知りな性格なのかもしれません。

わが子かわいさに、みなさん一生懸命に「言わなくては！」と考えているようです。

「この子のためになることを言わなくては」

「意欲が出るよう話さなくては」

「ベストのアドバイスをしなくては」

この「言わなくては！」という熱量は、子育てに必要ない。そう思うと子どもに近づき過ぎてしまうからです。本当に必要なのは「聴かなくては」という態度ではないでしょうか。

「本当の気持ちを聴かなくては」

「本当にどうしたいのかを聴かなくては」

質問とともに、心構えも変えてみませんか。

「やることに決めたよ！」が成長の種

ひとつの例をお話ししましょう。

京都府宇治市の少年サッカー指導者のみなさんは、私のやり方を認めてくださり、定期的に講習会に招いてくださった自治体のひとつです。

指導するとき、私はいつも最初から試合をします。そうすると、高学年が混じっていても団子になるときがあります。

「はーい、試合するよ～」

一度集めて、子どもたちに問いかけます。

池上「みんな、どう？ 何か、君たち、よく味方同士でぶつかってませんか？ ぶつかってない人？ ぶつかってる人？」

ほとんどの子が、ぶつかっていると答えます。

池上「じゃあ、ぶつからずに試合するにはどうしたらいい？」

「広がる」と何人かが答えます。でも、全員ではないので、もう一度二者択一の質問をします。

池上「広がるのと、みんなで団子でいるのとでは、どう？」

「広がったほうがいい」とほぼ全員が答えます。

池上「広がるには、どうしたらいい？」

「味方から離れる」と数人が答えます。

池上「ボールを持っている人に近づいていくのと、離れていくのとではどう？」

「離れる」と全員。

池上「離れていく動きは、どうしたらいい？」

「……前のほう？」と自信なさげな小さい声が聞こえてきます。小さい声でも、ちゃんと拾ってあげることが大切です。

池上「そうだね。前もいいね。どうだろう？　横がいい？　縦がいい？　ななめがいい？」

子どもたちは「縦」とか「ななめ前」など口々に言います。

池上「そうか。動きは場面場面で違うよね。じゃあ、そこを意識してやってみようか？」

ゲームを再開すると、子どもたちの動きが少しずつ変わってきます。

ボールが動くと、それに従って反応します。オフサイドラインに気をつけながら、裏のスペースに走り込もうとする者、タッチラインぎりぎりまで移動して（開いて）、広いスペースでボールを受けようとする者。

少しずつ広がり始めます。

そこで、ひとつ刺激を与えます。

「じゃあ、ここからは、パスを3本つないでゴールしたら10点ね！」

子どもたちは「10点だって！」「パス３本だって」と具体的な目標に向かって意欲が増します。

しばらくしたら、また刺激します。

「じゃあ、ワンツーでゴールを決めたら百点にします！」

子どもたちは「１００点だって！」「ワンツーやったら、もう勝ちじゃん」と、よりテンションが高くなります。

そうすると、より広がってきて、ワンツーパスや、裏へのスルーパスが出てきます。

「ワンツーやろうとか、スペースに動こうと言っても、まったくできなかったのに……」

宇治市の指導者たちは、私の練習で子どもが変化することを感心して見ていました。

要は、子どもたちが頭のなかで自分の動きを描けるよう、ベースになるイメージを伝えることが必要です。

その場合、「ワンツーやろう」「スペースに動こう」と最初から指示するのではなく、対話をしながら少しずつ体系だてて、子どもの理解を深めていくことがとても重要です。

「10点になるからワンツーパスをやってみる」

このことは、子どもたちは自分たちで考え、選んだ答えです。「やることに決めた」という決心になります。これこそが成長の種です。

やることにした時点で、一つひとつの理解が全員の頭にすとんと落ちています。そのすとんと落ちたイメージは、何度も試して失敗したりするに従ってパイの皮のようにどんどん重なっていきます。

さらにいえば、理論的な理解だけでなく、経験も重要です。団子サッカーの状態を経験しているので、それとは「違う」ことが彼らの頭のなかで明確になりやすいのです。

1本、2本、3本とパスがつながったり、ワンツーができたりすると「あっ、こっちのほうが面白いな」とよい感覚をつかむ一瞬があります。それがわかった子は、もう一度やろう、もっとやろう、今度はスピーディーに、などと、自分自身でハードルを上げていきます。

そこまで来ると、もう元の団子サッカーには戻れません。

「団子だとぶつかるし、誰かひとりがずっとドリブルしているだけだし、面白くない。もっとサッカーっぽくしたい」

全員が、同じ目標を持ち始めるのです。

究極の二者択一とは

「君たちはここがダメだから、こうしなさい」

個人でなく、チーム全体を指導する場合も、このような指示命令はしません。チームでもやり方は同じです。「こうしたらどうかな？　これはどう思う？」と、次々問いかけます。

特に小学生の場合は、サッカーの認知度や思考力の発達スピードに個人差があるので「どうしたらいいかな？」というゼロから説明を求める質問ではなく、「あれと、これとだったら、どっちを選ぶ？」といった二者択一で考えてもらいます。

さて、少年スポーツでは、そんなふうに「究極の二者択一」を迫る（？）場面は、どのチームでも日常的に起きています。それは、子どもがふざけたりして練習に集中できないときです。

子どもは基本的に飽きっぽいです。しかも、個々で、その競技に関する興味の強弱というか温度差があります。そうすると、練習がダレてきます。少年スポーツのコーチに一番多い悩みでもあります。

「ふざけて練習を真面目にやらないときは、どうすればいいでしょうか?」

そんなときも、私は子どもたちに問いかけます。怒鳴りもしないし、淡々と質問します。

池上「君たちはここに何しに来ていますか?」

「サッカーです」と多くの場合、答えます。

池上「サッカーをして、どうなりたくて練習していますか?」

「うまくなりたいです」

このへんですでに目利きの子は「空気ヤバいやん」とか、「池上コーチ、顔は笑ってるけど、目は笑ってへん」などと気づきます。ただし、高学年でも、結構な確率で無邪気に答え続ける子もいます。

池上「サッカーが楽しくて、みんなうまくなりたいと思ってるなら、池上コーチも頑張って指導します。でも今、みんな、ふざけてるよね?」

「……」

池上「みんなが練習でふざけるなら、池上コーチは指導しません。どうする？　練習はやめますか？　続けますか？」

これが「究極の二者択一」です。

多くは「続けます」と答えるので、「じゃあ、サッカーしよう」と私は練習を再開します。

しかし、多くのコーチはここで「質問じゃない」質問をします。

「おまえたち、ふざけるんだったら、練習やめるか？　えっ⁉」

「こんなのじゃ練習にならないぞ。もう帰るか⁉」

質問口調ですが、本当には尋ねてはいません。なぜなら、子どもたちが何も答えなくても「わかったか！　真面目にやれ」と、練習は何事もなかったかのように続くからです。

このような場合は、質問自体を変えなくてはなりません。

もっとほかにもあります。

「負けて悔しくないの？」

これは、コーチの悔しさをぶつけているだけかもしれません。

「そこ、なんでシュート打たないの？」

こちらも「シュート打ったほうがいいでしょ」と答えを教えています。できれば、シュートを打たなかった理由をきちんと尋ねるべきです。

その場所からは自信がないのか。

技術は問題ないけれど、外すのが怖かったのか。

自分のタイミングじゃなかったのか。

パスできる相手が目に入って迷ったのか。

そこを整理して「じゃあ、次はどうする？」と考えさせたほうがいいでしょう。

それには、指導者が「この子はどう考えてたのかな？」と知りたい気持ちがなくては成立しません。

「あの子のことだから、どうせ弱気になったんだろう」

「あいつじゃ、あの距離は無理だろう」

このように教える側が答えを持ってしまうと、選手が伸びません。では、大人が答えを持つと、なぜ子どもは伸びないのか。

それは、大人が自分に答えがあるため、子どもに質問しなくなるから。

質問されない子は、自ら考えようとしません。

なかには、大人に問いかけられなくても自分で考える子どももいます。が、そんな子はその大人以外の誰かに質問攻めにあうなど、どこかの場面で「考える習慣」を身につけています。


家庭での対応も同じです。

「あの子のことだから、どうせやらないよ」

「あの子じゃ、これは無理」

親御さんが、わが子に何も問いかけずに答えを持ってしまうと、そこで子育てはストップしてしまいます。

「君がやりたいなら、やってみる？」

「やり続けるには、どうしたらいいと思う？」

「じゃあ、週に2回頑張ってみる？　それとも、最初は週に1回だけにしておく？

君が自分で決めたらどう？」

質問を変える習慣をつけてください。

第8章

「ほめる」より「認める」

「すごいね〜」「うまいね〜」
抽象的なほめ言葉が多くなっていませんか？

「失敗を認める働きかけ」を学びましょう。

「ほめるだけで伸びるの？」という不安

少年サッカーのコーチや保護者を対象にした『サカイク』というポータルサイトで、指導者の悩みに答える連載をしています。そのなかで、以下のような相談がありました。

「6年生のチームで指導をしています。私は、サッカーはゲームなので勝ち負けにこだわるべきだと思っています。子どもたちも勝ちたいですし、私も勝ちたいです。

最近、保護者から厳しい指導よりも楽しい指導をしてほしいと言われることがよくあります。しかし、勝つためには厳しさが必要ではないでしょうか？

もちろんサッカーを楽しむことは大事だと思いますが、それだけでは勝てません。

多少、厳しく言い聞かせたり、要求したりすることで、子どもが強くなる部分もあると思います。

私も大学までサッカーを続けましたが、厳しい経験をしてきたからこそ今があると思っています。楽しいことだけやってうまくなるというのは違う気がするのですがいかがでしょうか?」

私は常々「サッカーを楽しませる。好きにさせるのがジュニアの指導者の役割ですよ」と説いています。「20代の前半くらいから、もう怒鳴ったこともないし、叱ったこともない」と話すと、「本当ですか? 腹が立つときはないんですか?」と疑われます。

10年前は「楽しませましょう」「ほめましょう」と話すと、「そうですね。怒鳴ってばかりはダメかも」とみなさん転換を試みているようでした。ところが最近は、冒頭の相談のように「ほめるだけじゃうまくならない。勝てない」と言い始めました。

つまりは、揺り戻しです。

何かのきっかけで価値観が変化しても、しばらくして確かな効果が見えてこないと人々は不安になります。「いや、本当にこれで大丈夫かな?」と疑念が生まれてくる。

例えば、それと似ているのが日本の教育改革です。ずいぶん前に偏差値・管理教育から、ゆとり教育へ舵を切りました。しかし、日本の子どもの学力が落ちたと指摘されると、再び学力重視の教育へ。学ぶことが増え、教科書は再び、ぶ厚いものになりました。そして今度は「自分で考えて問題解決できる人材を育てなければ」と、２０２０年の大学入試改革を皮切りに教育の改変が進められます。

学校で揺さぶられる子どもたちは、たまりません。

そして、これはサッカー少年も同じです。

「自分たちで考えてプレーしよう。楽しくやろう」

そう話していたコーチが突然「おまえたちも勝ちたいんだよな？　じゃあ、今日から厳しく言うぞ」となれば、選手は戸惑います。

思うに、冒頭の相談者のように考えてしまう人は、子どもがサッカーを楽しんでいる姿を「ふざけている」ととらえているのかもしれません。

でも、これを「夢中になっている」と見れば、まったく違った理解になります。

まず、夢中にさせるには、夢中になれるトレーニングメニューを選んで、子どもたちをほめることです。

例えば、ずっとコーンドリブルや長距離走、腕立て伏せなどばかりでは楽しくありません。ミニゲームなど対人練習、勝ち負けのあるメニューをやります。飽きてきたり、メニューが合わないようであればどんどん変えます。

それと同時に「ナイス！」「すごーい！」などとほめることは、子どもの自己肯定感を高めます。大人にそう言われて「自分はこれでいいんだ」と思えた子どもは、「よし、今度はこうしてみよう」と次のトライを自主的にスタートさせます。

これで、夢中になります。子どもたちが自分のなかでモチベーションをつくり出す。親から「やる気スイッチ」などを押してもらわなくても、夢中になっている状態になる。これは「内発的動機づけ」といわれます。

夢中になるとアドレナリンが分泌され、技術を体得するのに最適な状態になります。

同時に無我夢中で走り続けるので、自然に運動量も上がります。この「夢中な時間」をいかに増やすか。それが上達の大きなポイントなのです。

ところが、大人が子どもから離れられず「厳しく言い聞かせたり、要求したり」した場合、子どもは夢中の入り口にさえたどり着けません。

「怒られるから、走らなきゃ」

萎縮する子どもにとって、サッカーを頑張る動機づけ（モチベーション）は、指導者からの刺激。前者の「内発的動機づけ」とは真逆の「外発的動機づけ」になります。この外発的動機づけは、「やらないと怒鳴られる」といった外からの刺激なしでは動けない人間を育ててしまいます。

「ほめる」は成長の着火装置

つまり、ほめることは成長の着火装置です。

なぜなら、ほめることで高まる自己肯定感は「自分は何があっても大丈夫」「頑張ったらできるようになる」といった、自信につながる「自尊感情」といわれるもの。人間が成長を遂げていくうえで、最も重要な要素だからです。

近頃注目されている「非認知能力」という言葉をご存じでしょうか。

「認知能力」がペーパーテストなどで測れる目に見える能力だとすると、「非認知能力」はテストでは測れない「目に見えない能力」を指します。

この能力はＩＱ（知能指数）に関係のない、「意欲」「協調性」「粘り強さ」「忍耐力」「計画性」といった個人の特性です。２０００年にノーベル経済学賞を受賞した米国のジェームズ・ヘックマン氏らを中心とした研究で、明らかにされています。

ヘックマン氏によると、認知能力よりもこの非認知能力のほうが「社会的な成功に結びつきやすい」とされています。本書の冒頭でお伝えした２０２０年の大学入試改革でも、この非認知能力が評価の対象にされます。

この「非認知能力」のベースにあるものが自己肯定感です。もっといえば、自己肯定感は、学力を頂点にした、生きていくための人間の能力のすべてを根底から支えるもの。子どもだけでなく、大人も含めたすべての人に非常に必要な能力なのです。

さらにいえば、育成年代のスポーツ指導で厳しく言い聞かせることは、脳科学的にも、心理学的にも、マイナスになるというエビデンスは多くの文献や論文で証明されています。スポーツの世界に科学的なトレーニングが導入されて久しいため、一流とされる指導者はみんなこのことを知っています。

にもかかわらず、少年サッカーの指導者は「厳しさ信仰」からなかなか抜け出せません。最も重要なアティチュード（選手への接し方）は、旧態依然のままです。

それは、なぜか。みなさんが自分の経験値で指導しようとしているからだと考えます。冒頭の相談者も「大学までサッカーを続けましたが、厳しい経験をしてきたからこそ今がある」とおっしゃっています。

それにきっと間違いはないでしょう。

ただ、この方が「スポーツを楽しんで上達した経験を持たない」ことも、また事実です。そのため、厳しくされたことのみに感謝するのだと思います。

加えて、サッカーやスポーツの楽しみ方は、年齢が上がると変わっていきます。例えば幼児期は、ボールを追いかけているだけで楽しい。それが小学生になると、うまくパスができた、ボールを奪えた、ゴールを決めた、試合で勝ったという成功体験に楽しみを覚えてきます。

高学年になると、できなかったことができるようになる喜びや達成感が楽しみになります。ほかにも、苦しくてもチームのために走る、味方のミスをカバーして仲間に感謝されるといった他者とのかかわりも含まれます。

そのように、自分の力で楽しみを見つけて前進してきた子どもは、中学生年代（ジュニアユース）以降に壁にぶつかっても、サッカーを続ける子が多いです。例えば、ケガをしたり、レギュラーになれないようなピンチがあったりしても、自らサッカーに取り組んできた子は小学生時代の6年間に支えられます。

「サッカーは楽しい」

体に沁み込んでいるため、たやすくやめたりしません。

反対に、自分の意思で楽しんでこなかった場合は非常にもろいです。「やめるのはもったいないね」と周囲に言われながら、「もうサッカーはいいや」と実にあっけなくやめます。私が知っているだけで何人もいます。きっとみなさんの頭に浮かぶ子も、1人ではないでしょう。

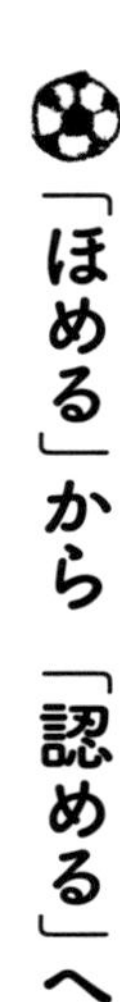

「ほめる」から「認める」へ

私の指導は、単にほめているだけではありません。どちらかといえば、「認める」に近いものです。

よって、ミスも認めます。つまり、ネガティブなことも決して否定しません。

「今ミスしたけどさ、どうしてそうなっちゃったのかな?」

私の表情も、声のトーンも、まったく普通です。つまり、「ミスしたこと」自体に私が何もこだわっていない。ミスの原因と対処法を一緒に探っていこうとする態度を子どもに見せます。

そうすることで「そんなミスするな！」と否定しているのではなく、どんなプレーでも認めるよというニュアンスが伝わります。

良いプレーをしようが、悪いプレーをしようが、必ず認めてもらえる。そんな環境にいる子は、どんどん上達します。常に前向きになれ、萎縮せず、自ら考えてトライするからです。

とはいえ親世代は、自分が認められて（ほめられて）育っていないため、子どもを認めることが苦手です。

例えば、わが子が絵を描いたとします。何が何だかわからない。ほめづらい。でも、認めればいいのです。

「あ、絵を描いたんだね。ところで、これは何なの？」

「ああ、猫なのー。そうね。手のところが猫だね」

子どもがやったことに、大いに興味を示す。それはイコール認めていることになります。

どうして猫を描こうと思ったの?
すごーい
うまーい

ところが、多くの人が「うまいねー」と一度言ってから「これは何?」と尋ねたりします。何でも「すごいねー」「うまいねー」でなくていい。そうではなく「どうして猫を描こうと思ったの?」「描いてるとき、どんなこと考えたの?」と問いかけてほしい。それが、子どもの感情を認めることになります。

この「感情を認める」は、つまりは「共感」です。共感という大人の言動は、実はすごく大切で子育ての原点だと思います。

だから私は「やってみてどうだった?」とよく問いかけます。

難しかったのか、簡単だったのか。楽しかったのか、つまらなかったのか。

そのような自分たちの感情を、大人が気にしている(大事にしている)という事実が、質問することによって伝わります。

サッカーの練習は、以前とは変わってきています。10年ほど前まではプレーを止めて「今、ここで君はどこを見てましたか?」と質問するなどして教えていました。止めて説明するコーチングのやり方は「フリーズ」といわれます。

今はその逆です。止めなくてはいけないこともありますが、なるべくプレーを止めないようにとコーチたちも教えられています。これを「シンクロ」といいます。

止めずにどんどんプレーさせたほうが、プレー機会は増えます。シンクロで練習するには、まずはよいプレーかどうかを選手がわかっているか。もしくはミスが起きたとき、なぜミスしたのか、次にどうしたらよいのかを理解しているかどうか。それらのことをコーチが「見切る」ことが必要です。

一方で「ほめるときは具体的にしましょう」とおっしゃる方もいます。ひとつ例を挙げるとしたら、こんなほめ言葉。

「今のは、相手から一番遠いところでボールコントロールしたね。よかったよ」

長くて、シンクロさせるトレーニングに合いません。

私は「ナイス!」とだけ言えばいいと考えます。なぜなら、どこがよかったかも子どもに気づかせ、考えさせてほしいからです。

たくさんのほめ言葉は必要ありません。「ほめる」は安売りしないほうがいいと思います。

一方で、悪いプレーを「叱ってほしい」と言う子が増えています。「自分の悪い部分を指摘してほしい。言われないとわからないから」前向きで意欲的に聞こえますが、実は大人に依存しているのでないか。私はそう感じます。

何でも大人が言ってくれる。

言われた通りにしたら、いつもうまくいった。

だから、いつも指摘してほしい。

常に「指示待ち」「指摘待ち」なわけです。

そうではなく、子どもを認めてあげてください。

「余計なことは言わないよ。君は自分で考えられる子だよね」と。これは子どもと離れている、適度な距離感を保っているから言えることです。

そうやって育てられた子は、こう言います。

「大人に言われたくないよ。自分でわかっていることを何度も言われるのは嫌だから」

本当に伸びるのはこういう子。そう思いませんか?

第9章 リスペクトする

やりたくなくても言われたことをやる。
それが練習だと思っていませんか？

「子どもの人権」を理解しましょう。

子どもに「ノー」と言う権利がない日本

日本の少年野球にあたる米国のリトルリーグでは、子どもたちに練習をさせません。行うのは試合のみです。なぜなら、少しでも無理に投げさせると、成長期の子どもは肩や肘にスポーツ障害を患う可能性が高いからです。

練習をさせてジュニア期から技術を高めなくては。そのような考えの指導者に、国は子どもを託したりしません。

なぜなら、子どもには人権があります。子どもの人権は国が保障しなくてはなりません。よって、大人は子どもをリスペクト（尊重）しなくていけません。尊重するということは、その人の人権を認めること。これは米国だけでなく、カナダや豪州、欧州と世界共通の感覚です。

「それなのに、日本は子どもの人権無視が多過ぎる。日本人は人権の勉強をしたほうがいい」

長く欧州で生活してきた祖母井さんはそう言います。

例えば、日本で子どもがサッカークラブや少年団に入ってきたとします。ところが、試合には、技術の高い子、上から8人くらいがずっと出ています。ほかの子どもたちはあまり試合に出られません。勝負が決したところで残り1分くらいに、数人を一度に交替させます。

この状況は大人の世界でいえば「お茶を濁す」ように映りますが、子どもたちは無邪気なので数分間だけ一生懸命プレーします。そういう子たちが「もっと試合に出たい」と訴えても「うまくなったら出ようね」とたしなめられます。

「僕らはまだジュニアです。同じように練習しているんだから、同じように試合に出してください。ウォーミングアップだけして一日中ベンチにいたくありません」

このように「ノー」と言う権利が子どもにはあります。でも、子どもだから、なかなか自分たちでは言えない。

だからこそ、大人が子どもたち一人ひとりをきちんとリスペクトして、子どもの権利を守らなくてはいけません。

NO!
ベンチはやだ!
出たい!
試合にでる!

欧州のコーチたちは、この子どもの権利を徹底して守ります。

練習で、子どもが「これはやりたくない」と言えば、「ＯＫ！　練習メニューを変えよう」とサッと切り替えます。気が進まないことをやらせても、身につかないことを理解しているからです。

日本のコーチはどうでしょうか。

「つべこべ言わずに、やれ！」と言うのは、かなり困ったコーチ。

「いや、君たちは××ができないよね。だから、こういう練習が必要なんだよ」と説得しようとするのは、少しいいコーチ。

本当にいいコーチは「ＯＫ、替えよう！」と、欧州の指導者のように対応します。

子どもをリスペクトするコーチは工夫する

私の指導は欧州の指導者と同じです。

例えば、幼稚園児や小学1年生くらいだと、こんなことが起こります。運動場の草むらにボールが入ると、潜んでいたバッタがぴょんぴょん飛び出す。すると、みんなキャッキャと騒ぎながら、バッタを捕まえようと懸命になります。もう、サッカーどころではありません。

「練習に戻りなさい！」

怖い顔で叱るコーチもいますが、そんなとき私はわざと草むらにボールを蹴り入れるよう呼びかけます。

「みんな、あっちにボール蹴って！　バッタが出てくるよ」

子どもたちは、渾身の力でボールを蹴ります。

「こっち、こっち！　こっちにいっぱいいるよ！」

誰かが言うと、そこを狙って蹴ります。

いかがでしょうか。十分過ぎるほどキックの練習になっています。

「キックより、ドリブルしたほうがいい！」

小さくても、ちゃんと気づく子がいます。誰かがドリブルしたら、そのあとを追ってみんなで走りまわって探します。

キック、ドリブル。いくらでも、どんな練習でもできます。子どもたちが夢中になって楽しめる。ジュニアのスポーツは、それが一番の狙いなのですから。

冬に幼稚園児を教えていたときのこと。

寒いため、子どもはなかなか動きません。園の先生は「じっとしていないで、動きなさーい！」と声を張り上げています。

そのなかで、ひとりの子が「さむさむ〜、さむさむ〜」と呪文を唱えるようにして、自分の両腕を抱きかかえたまま走っていました。

そこで私は「いいぞー！　さむさむ攻撃！　行け、行けー！」と叫んで、同じ姿勢で「さむさむ〜、さむさむ〜」と言いながらついていきました。

すると、立ったまま震えていたほかの子どもたちが、どんどんついてきました。

「さむさむ〜、さむさむ〜」

みんな、どんどん動き始めたのでした。

「池上さんが来ると、３分もしないで子どもたちがついていくんですよねえ」

外部指導に行くと、みなさん首をひねっていました。なかには「Ｊリーグのコーチだから、子どもたちが言うことを聞く」とおっしゃる方もいましたが、私はそうではないと思います。

「どうしたら、楽しくなるかな」

「夢中になってサッカーしてもらえるかな」

私はいつも、そんなことを考えています。

夢中になれば、上達できる。論理的な根拠があるから、それに応じた仕掛けができます。何のためらいもなく、夢中にさせるための仕掛けをどんどんやっていく。

それに子どもたちが反応しているだけのことです。Ｊリーグのコーチだから、ではありません。

「ここに何かワッペンがついていないと指導できないようじゃ、ダメだよ」

ジェフでも、サンガでも、祖母井さんはチームのエンブレムを指さしながら、コーチたちに話していました。

実際に祖母井さんは、クラブのジャージを着ないで指導をしに出かけていました。

子どもの人権を理解できない人は、子どもを指導してはいけないと思います。

なぜなら、子どもをリスペクトするからこそ、コーチは手を替え、品を替え、工夫する。指導者として進化できる。もっといえば、その文化が次の世代につながれば、その国のコーチングは永遠に発展できるのです。

ところが、残念ながら日本の少年スポーツの指導者は、子どもへのリスペクトが十分でありません。よって、多くの競技のなかでコーチの意識改革が進んでいるとされる少年サッカーでさえ、暴力や暴言がなかなかなくなりません。

少年スポーツの暴力が減らない理由

「小学生　減らない指導者暴力」

２０１７年3月24日付けの朝日新聞によると、日本サッカー協会が設けた指導者らの暴力や差別を対象にした「暴力根絶相談窓口」に寄せられた相談３００件のうち、およそ半分が小学生が被害対象の案件だったそうです。「暴力根絶相談窓口」は大阪の高校生が体罰を受けて自殺した事件のあと２０１３年6月につくられたので、それから3年半の数字です。日本体育協会が設置した同じような窓口でも、被害の約6割が小学生だそうです。中高生や大学生は事が大きくなることを予期して言い出せないのかもしれませんが、私自身の実感としても、少年スポーツの現場には暴力・暴言が根強いと感じています。

協会が発表した小学生の被害の内訳は「直接的な暴力」が最も多く、37・2％。「暴力や威嚇」が35・1％と続きました。事実確認ができた場合は、協会が活動停止などの処分も行っていました。

記事によると、サッカー王国といわれた静岡県でさえ4種（小学生）の競技人口が減少傾向にあり、コーチの暴力や暴言と無関係ではないと考えられていました。

「消えろ」「役立たず」「能のないやつ」「バカ」「親の顔が見たい」同県で長く開催されてきた「全国少年少女草サッカー大会」では、このような暴言が飛んでいたといいます。

協会は、そのような指導者へ啓発活動に取り組む「ウェルフェルオフィサー」を広めようとしていますが、取り組んでいるところはまだ少ないようです。

私は7年ほど前から「ダイレクター制度」を訴えてきました。欧州各国には各エリアにダイレクターがいて、どのような態度で子どもに接するべきかを伝える指導者の教育係のような役目を果たしています。オフィサーは英国の制度ですが、名称が違うだけで役目は同じです。

ここまで本書を読まれた方はすでにお気づきかと思いますが、暴力や暴言は子どもを萎縮させるだけで、上達や成長を阻みます。

しかし「うまくならないから（暴力や暴言を）やめよう」ではなく、本来は子どもの人権を尊重しなくてはいけません。が、残念ながら日本は世界的に見ても、女性や子どもに対する人権意識が非常に低いようです。

それに加えて、スポーツをその語源の「遊び」ととらえてこなかった弊害が表出しています。子どもの試合をスポーツを楽しむための「ゲーム」ではなく、「コンペティション（大会）」ととらえている。大人が子どもから離れられないどころか、小さな彼らを時に私物化してしまいます。

よって、何よりも勝つことを優先する勝利至上主義が横行する。そこが日本の大きな課題です。

すでにお伝えしたように、欧州で少年を指導するコーチに見習うべき点は非常に多いです。

「相手から一番遠いところにボールを置きましょう（コントロールしましょう）」

このアドバイスは世界共通ですが、日本のコーチは「相手に奪われないように」という観点で見ています。

しかし、ドイツやフランスなど欧州のコーチはそれが先ではありません。彼らは「子どもが相手とぶつかってケガをしないように」という観点でアドバイスします。特にゴールに近いところでは狙われるので、混戦になってケガをしやすい。ヘディングのときに手を広げるようアドバイスするのも、ケガの予防です。相手が入ってこられないから、空中で頭がぶつかるのを防げると考えています。

彼らの頭のなかには、常に「子どもへのリスペクト」という概念があります。大会で優勝するとか、目の前の試合で勝つとか、クラブからプロ選手を輩出するといった「大人の目的」だけで、指導の現場に立っていないのです。

「いつでも帰っておいで」と言える大人に

オフィサーが監視すれば、一定の効果はあるかもしれません。ですが、監視の目の届かないところで隠れて殴ったり、暴言を吐くのであれば本末転倒です。

最も大切なのは、指導者の意識改革への働きかけに違いありません。

これは少年サッカーに限ったことではなく、ミニバスケット、少年野球やバレーボールなど、どの競技の協会や連盟も「ジュニア期は勝ち負けよりも楽しさを伝えよう」と公式サイトでうたっています。

どの競技の関係者も「ジュニアの育成を変えなければ、未来はない」と話します。それなのに、どの競技もなかなか変われません。

子どもをリスペクトしていない実態は、試合や練習での指導者の暴言などでわかりますが、より明確になるのがクラブ間での移籍の問題です。

例えば、子どもたちはみんな「きちんと指導してくれる、いいクラブで成長したい」と願っています。ところが、そうでなかった場合、実際はなかなかほかのチームへ移れません。子ども同士でもう仲良くなっていたり、小学校にある少年団だとほかへは移りづらい。

ミニバスケットのように、小学生の6年間は原則的に移籍禁止にしている競技もあります。理由は、移籍によって強豪チームによい選手が集中してしまうのを回避するためだそうです。

そうなると、暴力や暴言のある指導者のもとを去りたくても、逃げ道がありません。どうしても嫌なら、バスケットをやめるしかない。大人の感覚で決めた規制が、子どもを縛るかたちになっているようにも見えます。

では、海外はどうなのか。

子どもたちは、自分の力で試合に出られることを優先してクラブを探します。出られなければ、サッサと移籍します。結局元のチームに戻ったということも日常的です。

例えばスペイン。

銀河系軍団と呼ばれる強豪のレアル・マドリードの育成チームに、ひとりの選手がスカウトされ、地元のクラブからすぐに移籍しました。ところが、試合に出られない。プレー機会がないので、子どもはレアルを出て、元の地元クラブに戻ることを決意します。

戻ってきた選手を、地元のクラブは仲間もコーチも保護者たちも、拍手で迎えるそうです。

「戻ってきてくれてありがとう。また一緒にやろう」

自分のチームからレアルにスカウトされた。そのことは彼らにとって誇らしいことだからです。クラブのステータスになります。

一方、日本はどうでしょうか。

Jリーグや地域で強豪と目されるクラブを、例えばジュニアユースに上がるときなどのタイミングで退団し戻ってきた子どもに対し、冷たい視線を浴びせます。

「あいつ落とされたんだよね」と。

よって、一度出た子はもう同じクラブに戻れません。

出る時点で冷たい指導者もいます。

「うちを出るなら、その覚悟で出ていけよ」などと言います。12歳に背負わせる荷物ではないと私は思います。

「ダメだったら、いつでも帰っておいで」

そんなふうに送り出してほしいと思います。

何度も言いますが、日本の子どもを変えられるのは、日々彼らと接している指導者や保護者のみなさんです。

自ら考えられる子。創造できる子。自立した子。未来を生きていく子どもたちを、ぜひ今この瞬間からリスペクトしてください。

第

章

刺激する

「真面目に練習しろ」「ちゃんとやれ」

強い刺激ほど効果があると思っていませんか?

強度の高さより、質の高さを考えましょう。

海外へ行くメリット・デメリット

10年前には想像もしなかったのは、久保建英(たけふさ)選手のようなプレーヤーが出てきたことでしょうか。

10歳でスカウトされ、F.C.バルセロナに加入した彼に、同じようにアルゼンチンから行って成功をおさめたメッシ選手の成功を重ねて見てしまう方も多かったと思います。サッカー選手として世界一のクラブの下部組織に身を置くことは、最高の刺激になったことでしょう。

最終的に国際サッカー連盟(FIFA)からクラブ側に移籍や登録の違反があったとして補強禁止を命じられたため、久保選手らの公式戦出場が禁じられました。ですが、現在はFC東京のU-18(ユース)チームでプレーし、U-20日本代表にも飛び級で選ばれています。大きなケガや故障もなく、順調に育っているといっていいと思います。

見ていると、プレーの決定を躊躇(ちゅうちょ)しないところが魅力です。シュートや、ゴールへつながるスルーパスを常に狙っています。ここが彼の最大の武器でしょう。

久保選手のようにスカウトされて海を渡るケースはほかにもあるようですし、中学生や高校、大学生で欧州や南米にサッカー留学をする選手が増えています。以前なら、国外でプレーするのはプロになって移籍するケースのみでしたが、今は育成年代でそのような選手が出現してきました。

国内をみれば、欧州やブラジルのサッカークラブが主宰するスクールも増えています。また、米国の大学へサッカー留学を目指す男子高校生を対象に、米国の大学のサッカー部が2015年から日本でセレクションを開始しました。認められれば、スカラシップ（奨学金）を得て米国大学進学が可能になります。

見渡せば、サッカークラブのスカウティングが実は全世界に広がっていることをあらためて思い知らされます。ジュニア年代にもグローバル化の波が押し寄せていると言えます。

このため、ここ数年は「池上さん、海外への留学ってどうなんでしょう?」と尋ねられることが多くなりました。小学校高学年や中学生のお父さんが多いです。

では、ひとつの刺激として、育成期の海外挑戦が叶うなら選ぶべきかと聞かれれば、あまりお勧めしません。

まず、私が考える小学生の海外挑戦は、メリットは2つあります。

1つは、自分のレベルに合ったクラブでプレーできることです。例えば欧州では、日本と違ってシーズン途中での移籍が可能なので、合わなければチームを変えられます。もう1つは、スペイン語、ドイツ語、英語など、現地の言葉を覚えたり、異文化に触れるといった貴重な経験ができます。そのことで視野も広がります。

対してデメリットは、4つもあります。

1つ目は試合ができないこと。久保選手がバルサを離れたように、欧州などでは登録ができないため公式試合を経験できません。選手本人も試合をしないとサッカーが楽しくないでしょう。また、本来なら毎週試合をし、そのあとに課題を見つけてトレーニングする循環の中で上達するのですが、そのサイクルを得られないのも痛手です。

2つ目は言葉の壁です。子どもだからすぐに覚えるだろうと思いがちですが、全員がそうではありません。30年以上ドイツに住むあるクラブの日本人スタッフは断言しました。

「日本人の子どもは、日本人のコーチに教えてもらうほうがいいですよ。アドバイスをもらうときや、きちんとコミュニケーションをとる必要があるとき、微妙なニュアンスが伝わらないと思う」

3つ目は「ジュニア期から海外でプレーすると伸びる」ということが、きちんと証明されていないことが気になります。私の知る限り、18歳以下の育成期に海外に渡って成功したのはカズ（三浦知良選手）だけ。久保君もいるじゃないかと言われそうですが、久保君はバルサに加入する前からすでに高い技術を持っていました。スペインで才能が開花したわけではないと思うのです。

10年ほど前ブラジルに視察へ行った際に、有名なブラジル代表選手が経営するサッカースクールの練習を見たことがあります。現地の子どもが練習する隣のコートでは、韓国の選手たちがトレーニングしていました。全員寮に入り、サッカー漬けの毎日のようでした。

　そんなに練習を積んでいるのに、ジュニア期にブラジルのサッカースクールにいた経歴をもつ韓国代表など、聞いたことがありません。つまり、成功例はほぼないといってもいいでしょう。

　デメリットの４つ目は、大人たちの目には見えない強いストレスがかかるということです。自分のために親が仕事や家を捨てて、自分のサッカー人生にかけてくれる。まだ幼い時期は意気に感じるかもしれませんが、成長すると「自分と周り」に対する認知力がついてきます。つまり、自らが置かれている状況に気づき始めます。

　感じ始めたプレッシャーをどう処理するのか。保護者にとって最も大きな課題といえます。

「海外に行けば、サッカーがうまくなる」は幻想に近いと思います。

うまくなるか、ならないか。

どちらに転ぶかは、サッカーをする「環境」より、その子の「意識」によって左右される。これはスポーツでも学業でも同じでしょう。

「質の高い」刺激とは？

例えば以下のような高い意識をもつことが、「成長し続ける力」になります。

・選手以前に人として、時間を守ることやあいさつなどがきちんとできる。
・指示待ちではなく、ピッチの内外で常に自ら考えて動ける。
よく「三度の飯よりも」という言い方がありますが、
・寝食を忘れるくらいサッカーが好き。
・テレビ観戦するときは自分のプレーと重ね合わせて観てしまう。
・体の手入れ、食事に気をつけることなどピッチの外でも真剣に取り組める。

こういったことのできる選手でなくては、海外でもやっていけません。

そのうえで、もし海外で刺激を受けたいと思うのであれば、夏休みなど長期の休暇に、他国のクラブでトレーニングさせてもらう。それは悪いことではありません。その国の文化に触れたり、言葉を覚えたり。ほかにも人見知りだった子が克服したという話も聞きます。何らかのよい刺激になるかもしれません。


国内の育成環境に目を向けると、本当に残念なことですが、いまだに暴力や暴言が横行する現実があります。

そのような指導をしてしまう人の言い分は、「愛のムチは必要」というものです。そんな話を聞くたびに、しつけとスポーツを混同した議論だとうんざりします。「真面目に練習しろ!」と怒鳴るのは、生活態度のしつけであって、スポーツとは何の関係性もありません。

もっといえば、実はしつけでもありません。しつけなら、コーチのほうに導く者として冷静さが求められるはずですが、大声で怒鳴るのは感情が高揚するからです。私ですから。

には育ちの幼い大人に見えます。感情的になると子どもの姿だって見えづらくなるのです。

このような理不尽な刺激は、子どもにとってマイナスです。よく「あのコーチは強く言い過ぎる」というような表現がされます。つまり、子どもにとって刺激が「強過ぎるだけ」ととらえられていますが、刺激を「質」としてとらえるとどうでしょうか。無駄に言い過ぎる、教え過ぎることも、質の高い刺激とはいえません。育成年代が海外で行った試合をテレビで解説していたセルジオ越後さんが「監督さん、(指示を)言い過ぎていませんかね」と残念そうにコメントしていたそうです。

いつも声をかけて煽るのがコーチの仕事。これが、サッカーを含む日本のすべてのスポーツにおけるコーチのイメージになっています。教えることが当たり前。いつも何か言わなければと、悪いところを懸命に探しています。

このような大人の姿は、海外の人にとって異質なものに見えるようです。

遠征に来たドイツのコーチが、日本の中学生の練習を見て不思議そうに尋ねたそう

シュート
しちゃいけ
ないの？

です。

「この子たちは今、シュートをしてはいけないというルールで練習しているんですか？　意味は何でしょう？」

日本のコーチたちがピッチサイドであまりにも指示やアドバイスを言い過ぎるので、萎縮した選手はまったくといっていいほどゴールを狙えていませんでした。そもそも日本の選手はゴールを狙う姿勢が足りないのに、横でガミガミ言われてしまうといっそうトライしなくなります。

また、徳山先生（千葉大学名誉教授）がノルウェーに研修で行かれたとき、その小学校に日本人の親子がいたそうです。

バスケットの試合を見ているときに日本のお母さんが「ほら今、右」「今度は後ろ」という具合に、常に声をかけていました。それを見ていたノルウェーのお母さんたちが、「あの日本の子どもは、目が不自由なのかしら」と不思議そうに話していたそうです。

「この子にとって、本当にプラスになる刺激なのか？」

このことを、子どもに何事か働きかけするときよく考えなくてはいけません。

刺激することが鍛えることになる

「世話を焼かなければ」と思うより、「そろそろ少し刺激したほうがいいかな」などと考えるほうが、子どもと適度な距離を保てます。では、どんな刺激が人を向上させるのか。最も「ハングリー」にさせるのでしょうか。

スポーツで語られるハングリー精神は、これまでは貧困からの脱出でした。貧乏な家族を養うため、裕福になるために歯を食いしばって練習する。そんなサクセスストーリーばかりでした。

ところが、今の豊かな日本でそんなハングリーさを子どもに求めることはできません。日本のハングリーさは、向上心を持ち続けることでしか成立しない、そう考えてください。

であれば、先ほど挙げた「成長し続ける力」のように、「今の自分を超える」という向上心を植え付けることが重要になります。

「へえ、そんなプレーで満足しちゃうんだ?」

「君は今のままでいいの? そのサッカーで、本当にお腹いっぱいなの?」

特に、すぐに何でもできてしまう子や、エース格の子には、伸びしろを刺激してあげてください。

伸びしろに対して刺激をしてほしいのに、みなさん目の前の子どもがすぐに変化するのを見たくてたまらない。そのように焦ってしまうと、ついつい子どもに近づき過ぎてしまいます。

よって、強度は高過ぎ、でもレベル(質)は低い——そんな良くない刺激をつい与えてしまいます。


そうなりかねないと危惧するのが、指導者の「揺り戻し」です。すでに説明しましたが、コーチの方々や保護者から最近こんな質問をよく受けます。

「ほめるだけで強くなるんでしょうか?」

「もっと厳しくしたり、鍛えなくてはいけないのではないか？」

ほめる・認めるを軸にしたジュニアの指導が浸透するなか、そんな声を現場で耳にします。

「厳しくされたおかげで成長できた」「コーチに鍛えられた」と感じている大人世代がまだ指導しているのですから、ほめる指導に疑問が湧くのは当然でしょう。

さらにいえば、将来有望な子をより高みに引き上げたいとき、「鍛える」というワードが浮かぶのかもしれません。指導者は子どもに精神的なタフさを求めているようです。

よって、「鍛える」のイメージは、何か苦しい練習をやらせたり「このままじゃおまえはダメになるよ」と叱って煽るものになりがちです。

私は、それよりも、鍛えることとイコール「刺激する」というイメージのほうがいいと考えます。

欧州のように、勝ち負けのあるゲームをどんどんやらせる。そうすると、勝つために頑張る子が育ってくると考えています。

それなのに、日本のコーチはドリブルやボールコントロールといった基本技術から入ることが多い。単調なので子どもが飽きてくると「退屈な練習だけど、これを我慢してやらないとダメだぞ」と叱ります。

サッカー以外でも同じです。

少年野球の指導者講習会で講師を務めた人によると、一番出た質問が子どもたちの練習態度が悪いときの対応だったそうです。

「今の子は我慢強さが足りない。2時間の練習が我慢できない」

小学2年生を担当しているというコーチがそう嘆いていたといいます。指導者のなかで、野球の練習は「我慢するもの」というとらえ方になっています。いかに楽しく、夢中にさせるか刺激しなければいけないという発想に、なかなか転換できません。

「子どもたちのメンタルを鍛えなくてはいけない！」という思考のようで、書籍やネットのコンテンツで「子どものメンタルを強くするにはどうするか？」という記事があふれています。

子どもが試合の前に極度の緊張状態になってしまうなら、それは周りの大人の責任。質の高い刺激をせずに「勝たなくてはダメ」「うまくプレーしなくてはダメ」と子どもたちに伝えています。

子どもは勝ちたいので、緊張するのは当然です。

そこを大人が「楽しくやろうね」と笑顔でいれば、子どももそうなります。

高学年や中学生になると戦う勇気も必要ですが、それこそ子どもが自ら経験を積んで身につけていくものです。

ドーハの悲劇を味わった日本代表を率いたオランダ人のハンス・オフト氏は、ユース年代の指導にも秀でた優秀なコーチでした。

彼は試合前に選手が緊張していると見るや、破天荒な行動に出ました。

なんと、相手チームのメンバー表を両手でクシャクシャに丸め、口に放りこんで食べてしまったというのです。

「おまえたちのほうが強い！　こんなやつら、食べてしまえ」

そんなメッセージでしょうか。

「大丈夫。練習したことを試合でやってみよう！」

そんな刺激で十分です。

そうすれば、子どもたちはいつか自らを鼓舞できるようになります。

つまり、刺激を自分のなかにつくり出せる子が最強です。

そして、そんな子どもを育てられる人が、最良のコーチなのです。

第11章

大人の出番を心得る

失敗させろ、消えろ、眺めろって……。
じゃあ、大人は何をすればいいの？

大人の出る幕は、たった3つです。

考えるベース作りを協力する

「放(ほう)っておけばいいですよ」

私は子育ての悩み相談を受けると、9割がた、こう言います。

すると、尋ねてきた9割以上の親御さんが「えーっ！」とか「でも～」とうろたえます。親として一体何をすれば、子どもの成長を支えられるのか。その答えを聞きたいお父さんやお母さんは、拍子抜けするようです。

「そうですね」とすぐに納得される方は1割もいませんが、そういう人たちは、私の意見を聴く前から「自分は世話を焼き過ぎているのではないか」と薄々感づいていらっしゃいます。子どもとの距離が近過ぎることに気づいているのです。

ここまで読まれたみなさんは、9割のほうでしょうか？　1割グループでしょうか。恐らく、多くの方が前者ではないかと予想しています。

さて、本書の内容は、それこそ「放っておきなさい」を延々と訴えているようなものです。「そこのあなた！　子どもに近づきすぎ！　離れなさい」と制しています。

そのうえ、世話を焼かずどんどん「失敗させろ」と説き、一緒にいるとよろしくないから「大人は消えたらいいんじゃないの」と突き放し、「眺める」くらいの気持ちのほうがいいと力説しています。

自ら考える子どもにしたいのなら、大人は「答えを持つな」と迫り、質問を変えろ、認めろと、事細かに「考えさせる技術」を伝えました。

みなさんからすれば「考えてほしいのなら、池上さんも私たちを放っておけばいい」と感じたかもしれません。それなのに、長々と書いて本にするなんて、つじつまが合いません。

みなさんは「じゃあ、自分たちは何をすればいいのか？　大人の出番はないの？」と思ってしまいますね。

では、大人の出番はどこなのでしょう。

私が考える主なものを、３つ挙げましょう。

〈出番その1〉

子どもが自分で考えるときの「基礎（ベース）」をつくるとき

「考えるベースをつくる」とは、物事のなりたちを教えることです。

例えば、サッカーの攻撃がうまくいかないとき。「自分で考えろ」と言って終わるのではなく、ボールを奪い返したら、まず一番遠くの相手ゴールに近い人がフリーになりそうかを見る。そうでなければ、サイドにパスを出す。そこからは、こんな展開もあるし、あんなやり方もあるね。そんな基本形を一度やってみる。

それが考えるひとつのベースになります。その通りにやらなくても、自分のアイデアがひらめいたらやってみる。ミスになったら、どうしたらよかったのか考えてみる。仲間に意見を求めてみる。コーチにも求める。

ベースはコーチが一緒につくったけど、そのあとの一連の行動はすべて自発的に子どもが自分で考えています。

勉強をしない子には「どうして勉強って必要なのかな?」と話をふってみる。学力があるのとないのでは、大人になって何になりたいかを選択するときに選択肢の数がまったく違ってくる。そんなことを話し合うことができたらいい。ずっとあとになってその子が「このままじゃまずいな。勉強しようかな」とスイッチが入るきっかけになるかもしれません。

私自身、みなさんの考えるベースをつくるのが自分の出番だと考えました。

例えば、ドイツやフランス、アルゼンチンなどのサッカー王国では、ジュニアの指導者ライセンスを取得する人たちは、200時間以上の講習を受けるのが一般的です。そこで彼らは、技術指導だけではなく、子どもの人権問題や安全管理、教育原理をベースにした子どもへの接し方を学びます。

2日間の受講でD級が取得できてしまう日本は、サッカーのテクニックやメニュー、戦略に関する本は山ほどあります。が、アティチュードに関するものはほとんどありませんでした。第9章で伝えたように、ジュニアサッカーの指導現場に暴力や暴言が横行し続けるのは、そのせいかもしれない。
だから、自分が本を書こう。そう思ったのです。

やり過ぎを阻止する

〈出番その2〉
やり過ぎる子にストップをかけるとき

例えば、ご自身がコーチなら、クラブに在籍する選手が、熱心過ぎるお父さんの指示で毎朝マラソンしていると聞いたら、やめさせるべきです。少年サッカーにマラソンは不要です。子どもが自分からスタミナをつけたいと言えば「そのぶん練習で100%の力を出せばいいんだよ」と説得してください。

これは保護者も同じです。心身のバランスをとっているかをきちんとチェックし、ここは出ていくべきだと思えば「疲労骨折になる可能性もあるよ」と止めてください。

これをもっと広くとらえると、日本の少年サッカー全体がすでに「やり過ぎ」です。そこを是正していくのも大人の出番になります。

例えば、欧州の多くの国や南米は、小学校の授業が午前中しかなく、午後からはサッカークラブに行ける時間が確保されています。

少し異なるフランスは5時間授業で4時半や5時くらいまで学校にいますが、昼休みが2時間あるのが特色です。その2時間は昼食が終わったあと、何をしてもいいので、ボールを蹴って楽しむ子が多い。放課後にクラブの練習に行きますが、平日は週2回程度しかやりません。

一方、日本の子どもたちはクラブを掛け持ちしたり、所属以外にサッカースクールへ練習に行くので、中学、高校の部活動以上に体を酷使している小学生が少なくありません。3年生で年間150試合以上というチームも少なくないようです。

元清水エスパルス監督で日本の育成事情にも詳しいゼムノビッチ・ズドラブコ氏に言わせると、「日本の子どもたちのやっている試合は、次につながるやり方じゃない」そうです。

例えば、リーグ戦で30試合あったら試合ごとに「次の試合どうしようか？」となるのが、欧州や南米では一般的です。メンバーは全員出場するので、成績も試合ごとに変わっていく。ところが、日本はそうでない場合が多いようです。

1日1試合ぐらいにして、子どもも大人もその試合をゆっくり考える。次の1試合をどう戦うか。そういう考え方になってもらえると、相当変わるはずです。それを強化のために1日3試合も4試合もしましょうというのは、実は強化になりません。フィジカルの強化にはなるかもしれませんが、子どもたちがサッカー選手として成長するためにはプラスになりません。

〈出番その3〉
上手な子どもがテングになりそうなとき

前章「刺激する」で説明したように、彼らに突破すべき壁をつくってあげてくださ

ほっとけば いいですよ
ものごとの本質を極める

い。「もっと頑張れ」とにんじんをぶら下げるのではなく「こんなプレーもあるよ」とチャレンジすべき宿題を見せる。やるかどうかは本人の意欲に任せます。

それとは逆に、うまい子に心酔して終わってしまう指導者がいます。「あいつは凄過ぎて、もう教えられない」「本当にうまいから、こっちがついていけない」

このようなコーチは、勉強不足です。「この子はこのくらいできる。じゃあ、その上は何か?」をわかっていなくてはいけません。それを提示し、トライさせてプレーを引っ張り上げるのです。

3つ以外の時間は、見守り続けるべきです。

「うちはボトムアップでやっています。子どもたちは自分たちで考えて動けるので、コーチがいなくてもいいくらいです」

ごくたまに聞きます。

ボトムアップの指導法はなんら悪いことではありません。

でも、何でも自分たちでできるようになったら、終わりでしょうか。ピッチづくりでも、後片づけでも、自分たちの力で遂行することだけが目的ではありません。そのときどんな様子だったのか、もっといい方法はないのか。そこで何を子どもたちは学んだのか。検証したり、発展させることは山ほどあります。

それをするには、何もせずその場で姿は消していていいけれど、離れたところからきちんと見守っていなくてはならない。決して間違わないでください。適度に離れることは放任することではありません。

こんなこともできるよ。遠くにはあんなものもあるよ――そんなふうに、もっと広い世界を見せてあげることが肝要です。

本質がわかるデンマークの10か条

人工知能時代だろうと、どんな時代が来ようとも、私は2つのタイプの人間が時代を生き抜くと思っています。

それは、クリエイティブな人と、生真面目でどんなことにも愚直にこつこつ取り組める人です。

両者のどちらになるにせよ、生き抜く力をつけるために、サッカーはもちろんスポーツから学ぶことは膨大にあります。

そのためには、そのスポーツにかかわる大人が本質を見極めているかが、大きな条件になります。

子どもにかかわる大人の本質をついたものを、最後に紹介します。

デンマークサッカー協会が掲げた「指導の10か条」です。これを読むと、大人の出番はそんなにないこと、子どもと離れることの重要性に気づきます。

①子どもたちは、あなたのモノではない。

②子どもたちは、サッカーに夢中だ。

③子どもたちはあなたとともに、サッカー人生を歩んでいる。

④子どもたちから求められることはあっても、あなたから求めてはいけない。
⑤あなたの欲望を、子どもたちを介して満たしてはならない。
⑥アドバイスはしても、あなたの考えを押し付けてはいけない。
⑦子どもの体を守ること。しかし、子どもたちの魂にまで踏み込んではいけない。
⑧コーチは子どもの心になること。しかし、子どもたちに大人のサッカーをさせてはいけない。
⑨コーチが子どもたちのサッカー人生をサポートすることは大切だ。しかし、自分で考えさせることが必要だ。
⑩コーチは子どもを教え導くことはできる。しかし、勝つことが大切か否かを決めるのは子どもたち自身だ。

これから、よりいっそう「大人の質」が試されます。

子どもと距離を置き、出番を心得た大人が、子どもに豊かな未来を与えられるのだと思います。

[著者]

池上 正（いけがみ・ただし）

大阪体育大学卒業後、大阪YMCAでサッカーを中心に幼年代や小学生を指導。2002年、ジェフユナイテッド市原・千葉に育成普及部コーチとして加入。幼稚園、小学校などを巡回指導する「サッカーおとどけ隊」隊長として、千葉市・市原市を中心に年間190か所で延べ40万人の子どもたちを指導した。

10年1月にジェフを退団。同年春より「NPO法人I.K.O市原アカデミー」理事長。12年に京都サンガF.C.ホームタウンアカデミーダイレクター就任後、育成・普及部部長などを歴任。京都府内の小学校でも出前授業「つながり隊」を行い、延べ10万人の小学生を教えた。17年1月に京都サンガを退団。大阪体育大学客員教授。

『サッカーで子どもがぐんぐん伸びる11の魔法』、『サッカーで子どもがみるみる変わる7つの目標（ビジョン）』（ともに小学館）。『叱らず、問いかける　子どもをぐんぐん伸ばす対話力』（廣済堂ファミリー新書）、DVDブック『サッカーで子どもの力をひきだすオトナのおきて10』、『少年サッカーは9割親で決まる』、『サッカーで子どもの力をひきだす池上さんのことば辞典』（いずれも監修／カンゼン）など著書多数。

[構成]

島沢優子（しまざわ・ゆうこ）

フリーライター。日本文藝家協会会員。筑波大学卒業後、英国留学などを経て日刊スポーツ新聞社東京本社勤務。1998年よりフリー。主に週刊誌『AERA』やネットニュースで、スポーツ、教育関係等をフィールドに執筆。『桜宮高校バスケット部体罰事件の真実　そして少年は死ぬことに決めた』（朝日新聞出版）、『左手一本のシュート　夢あればこそ！脳出血、右半身麻痺からの復活』『王者の食ノートースポーツ栄養士虎石真弥、勝利への挑戦』（ともに小学館）など著書多数。『「みんなの学校」が教えてくれたこと　学び合いと育ち合いを見届けた3290日』（木村泰子著）、『サッカーで子どもをぐんぐん伸ばす11の魔法』（池上正著／ともに小学館）など企画構成を担当した書籍も版を重ねている。

構成　島沢優子
装丁＋ブックデザイン　倉地亜紀子
装画＋本文イラスト　北村 人
動画撮影協力　新宿サッカー協会

伸ばしたいなら離れなさい
サッカーで考える子どもに育てる11の魔法

2017年5月28日　初版第1刷発行
2022年7月27日　　第2刷発行

著　者　池上 正
発行者　下山明子
発行所　株式会社 小学館
〒101-8001　東京都千代田区一ツ橋 2-3-1
電話／編集 03-3230-5127　販売 03-5281-3555

印刷所　萩原印刷株式会社
製本所　株式会社若林製本工場

　ISBN978-4-09-840181-9

校閲／小学館クリエイティブ　小学館出版クォリティセンター
制作／松田雄一郎・星 一枝・太田真由美
販売／椎名靖子　宣伝／島田由紀　編集／青山明子